中国农村家庭
能源消费转型研究

Research on the Transition of
Rural Household Energy Consumption in China

吴施美　著

中国社会科学出版社

图书在版编目（CIP）数据

中国农村家庭能源消费转型研究／吴施美著．—北京：中国社会科学出版社，2023.1
　ISBN 978-7-5227-1303-8

　Ⅰ.①中⋯　Ⅱ.①吴⋯　Ⅲ.①农村—家庭—能源消费—研究—中国
Ⅳ.①F426.2

中国国家版本馆 CIP 数据核字（2023）第 024315 号

出 版 人	赵剑英
责任编辑	郭曼曼
责任校对	赵雪姣
责任印制	王　超

出　　版	中国社会科学出版社
社　　址	北京鼓楼西大街甲 158 号
邮　　编	100720
网　　址	http：//www.csspw.cn
发 行 部	010-84083685
门 市 部	010-84029450
经　　销	新华书店及其他书店

印　　刷	北京君升印刷有限公司
装　　订	廊坊市广阳区广增装订厂
版　　次	2023 年 1 月第 1 版
印　　次	2023 年 1 月第 1 次印刷

开　　本	710×1000　1/16
印　　张	13.5
字　　数	188 千字
定　　价	75.00 元

凡购买中国社会科学出版社图书，如有质量问题请与本社营销中心联系调换
电话：010-84083683
版权所有　侵权必究

出 版 说 明

为进一步加大对哲学社会科学领域青年人才扶持力度，促进优秀青年学者更快更好成长，国家社科基金 2019 年起设立博士论文出版项目，重点资助学术基础扎实、具有创新意识和发展潜力的青年学者。每年评选一次。2021 年经组织申报、专家评审、社会公示，评选出第三批博士论文项目。按照"统一标识、统一封面、统一版式、统一标准"的总体要求，现予出版，以飨读者。全国哲学社会科学工作办公室同时编辑出版《国家社会科学基金博士论文出版项目概要（2021）》，由入选成果作者撰写，重点介绍入选成果内容。

全国哲学社会科学工作办公室

2022 年

摘 要

作为拥有超过13亿人口的最大发展中国家,居民部门的能源消费和碳排放正在成为中国能源需求和排放新的增长点。但长期以来,能源需求的研究重点主要集中在工业和交通运输业等领域,居民部门的生活能源消费研究却一直被忽视。由于中国社会城乡二元结构的存在,城乡居民在能源需求的结构和用途上有着显著的差异,这催生了中国能源消费的城乡二元分化。随着农村社会经济的发展和农民生活水平的提高,农村生活用能的大幅增长给能源管理工作带来了较大压力;同时由于中国农村居民整体受教育程度和环境保护意识还较为落后,家庭能源使用和管理上的不平衡给农村能源消费的可持续发展带来了巨大挑战。因此,对中国农村家庭的能源消费转型问题进行基础性和系统性研究十分必要。本书通过回答包括"如何测度家庭能源消费?""中国农村家庭能源消费有何特征?""什么因素影响了农村家庭的能源转型?""政府能源转型替代的干预政策效果如何?"以及"不平等如何阻碍了农村家庭的能源转型?"等一系列与农村家庭能源消费转型的相关问题,对中国农村家庭能源消费转型的基础性问题进行了系统性描述刻画和分析探讨。主要研究内容如下:

第一,农村家庭能源消费的测算框架构建与应用。提出基于用能设备的自下而上的家庭能源消费核算方法,并利用微观层面的中国家庭能源消费数据对该方法进行了应用,从能源总量、能源结构和终端用途等方面归纳总结了中国农村家庭的能源消费特征,以及由家庭能源消费所引致的碳排放特征，并通过与其他发展中国家和发达国家的比较识别出中国农村家庭能源消费优化的潜力。

第二，农村家庭能源消费转型的影响因素分析。基于入户调查的数据，构建能源消费转型的计量回归模型，从经济因素和人口统计学特征等方面归纳了家庭用能行为的影响因素，通过理论探讨和实证研究，解析能源消费行为与各影响因素之间的关系，确定家庭能源消费选择的决定因素，并通过对燃料品种数量和收入关系的分析对能源阶梯和能源堆叠假说进行进一步的探讨。

第三，农村能源转型政策的干预效果评估。以北京市散煤治理政策为例，利用倾向得分匹配的方法从能源清洁性和能源充足度两个视角对政策的有效性进行分析，并在此基础上对不同人群进行了异质性分析。

第四，农村能源不平等与能源转型的关系分析。采用洛伦兹曲线、基尼系数和洛伦兹不对称系数评估了中国农村不同能源品种消费的不平等情况。定量考察了不平等程度对中国农村家庭能源消费转型的影响及其具体表现，并从经济分区、气候分区、收入分组和其他影响因素等维度对不平等的来源进行了分解。

最后，基于分析结果，从数据统计核算、推进能源转型、实施能源替代政策等方面给出农村地区推进家庭能源转型的政策建议。

关键词：家庭能源消费；能源消费测度；能源转型；散煤治理；能源不平等

Abstract

As the largest developing country with the population of more than 1.3 billion, the growth in energy consumption and carbon emissions caused by the residential sector is becoming a new major growth pole for energy demand and emissions in China. However, the research focus on energy demand has been mainly concentrated in the industry and transportation sectors, while the energy demand from residential sector has been ignored for a long time. Due to the existence of the dual urban-rural structure in China, there is a significant difference between urban and rural residents´energy consumption pattern. With the development of economy in rural area and the improvement of living standards of rural residents, the substantial increase of energy consumption put great pressure on energy administration. Meanwhile, due to the relatively low level of education and unenlightened awareness of environmental protection, the imbalance in energy consumption and administration poses great challenges to the sustainability of rural energy consumption. Therefore, it is essential to conduct fundamental and systematic research on the energy consumption. This book intends to answer questions, e. g. , "How to measure household energy consumption?", "What are the characteristics of household energy consumption in rural China?", "What factors affect rural households´energy choices?", "What is the effect of the policy intervention on energy substitution?", "How inequality hinder household energy transition in rural China?". Such a series of questions related to the transition of rural household energy consumption constitute the fundamental and systematical research of rural household energy consumption in China. The research contents are as follows.

Firstly, the establishment and application of accounting framework of rural household energy consumption. A device-based bottom-up household energy consumption accounting method is proposed systematically, and the micro-data of Chinese household energy consumption are exploited to apply the method. The energy consumption characteristics and carbon emission of rural households in China are summarized from the aspects of total energy, energy structure, and end use. By comparison with other developing and developed countries, the potential for rural household energy transition is discussed.

Secondly, determinants analysis of rural household energy consumption. By using the large-scale nationwide household data, summarizing influencing factors of household energy consumption behavior in terms of economic factors and demographic characteristics, and constructing an econometrical model, the relationship between energy consumption behavior and the influencing factors is analyzed through theoretical and empirical studies. The energy ladder and the energy stacking hypothesis are further explored through the analysis of the relationship between the number of fuel types and income.

Thirdly, evaluation of the rural energy transition policy. Taking the opportunity of the Chinese government's implementation of the scatter coal policy intervention, a propensity score matching method is used to evaluate the effectiveness of the government's administrative mandated energy substitution policy. The effectiveness of coal-to-electricity policy and high-quality coal substitution policy is studied from the aspects of residential welfare and environmental cleanliness.

Fourth, the relationship analysis of rural energy inequality and energy transition. The Lorenz curve, Gini coefficient and Lorenz coefficient are used to measure the energy inequality of each fuel. The effect of energy inequality on energy transition is quantitatively measured, and the sources of inequality are decomposed from the dimensions of economic zone, climate zone, income groups and other factors.

Lastly, based on the results, the policy implications are given from the aspects of establishment of statistical accounting system, the energy transition and the implementation of energy substitution policy.

Key Words: Household Energy Consumption; Energy Consumption Measurement; Energy Transition; Scatter Coal Management; Energy Inequality

目 录

第一章 绪论 …………………………………………………（1）
    第一节 研究背景 ……………………………………（1）
    第二节 选题意义 ……………………………………（11）
    第三节 研究方法与技术路线 ………………………（13）
    第四节 研究框架与主要内容 ………………………（15）
    第五节 可能的创新之处 ……………………………（19）

第二章 文献综述 ……………………………………………（21）
    第一节 家庭能源消费的测度 ………………………（21）
    第二节 能源消费不平等的测度 ……………………（25）
    第三节 家庭用能选择影响因素 ……………………（28）
    第四节 外部干预对家庭能源消费的影响 …………（38）
    第五节 对现有文献的评述 …………………………（47）

第三章 中国农村家庭能源消费的测度及基本特征 ………（49）
    第一节 前言 …………………………………………（50）
    第二节 核算方法比较 ………………………………（53）
    第三节 核算方法介绍 ………………………………（55）
    第四节 核算方法应用 ………………………………（62）
    第五节 本章小结 ……………………………………（74）

第四章　中国农村家庭用能选择的影响因素研究……（76）
第一节　前言……（76）
第二节　模型设定与数据介绍……（80）
第三节　实证结果分析……（86）
第四节　本章小结……（97）

第五章　散煤治理政策的能源转型效果评估……（100）
第一节　前言……（100）
第二节　方法与数据介绍……（102）
第三节　估计结果……（109）
第四节　本章小结……（121）

第六章　能源消费不平等与农村家庭能源消费转型……（124）
第一节　前言……（124）
第二节　测度方法、模型设定与数据介绍……（127）
第三节　实证结果分析……（132）
第四节　本章小结……（147）

第七章　结论与启示……（149）
第一节　主要研究结论……（149）
第二节　政策启示……（151）
第三节　研究局限与未来展望……（154）

附　录……（157）

参考文献……（160）

索　引……（192）

后　记……（196）

Contents

Chapter 1 Introduction ································· (1)
   Section 1 Research Background ······················· (1)
   Section 2 Research Significance ······················· (11)
   Section 3 Research Method and Technical Route ············ (13)
   Section 4 Research Framework, Content and Method ········ (15)
   Section 5 Possible Innovation ························ (19)

Chapter 2 Literature Review ························· (21)
   Section 1 Mesurement of Household Energy Consumption ····· (21)
   Section 2 Measurement of Energy Inequality ··············· (25)
   Section 3 Influencing Factors of Rural Household Choice ······ (28)
   Section 4 External Intervention on the Household Energy
              Consumption ····························· (38)
   Section 5 Comments on Previous Research ················ (47)

Chapter 3 Measurement of the China's Rural Household Energy Consumption and the Basic Charactersitics
            ··· (49)
   Section 1 Introduction ······························ (50)
   Section 2 Comparison of the Existing Accounting Methods ····· (53)
   Section 3 Accounting Method ························ (55)

Section 4	Application of the Method	(62)
Section 5	Summary of This Chapter	(74)

Chapter 4　Influencing Factors of China's Rural Household Energy Choice (76)

Section 1	Introduction	(76)
Section 2	Model and Data	(80)
Section 3	Empirical Reuslts	(86)
Section 4	Summary of This Chapter	(97)

Chapter 5　Evaluation of Effect of The Scatter Coal Policy on Energy Substitution (100)

Section 1	Introduction	(100)
Section 2	Evaluation Method and Data	(102)
Section 3	Empirical Reuslts	(109)
Section 4	Summary of This Chapter	(121)

Chapter 6　Energy Inequality and Rural Household Energy Transition (124)

Section 1	Introduction	(124)
Section 2	Measurement Method, Model and Data	(127)
Section 3	Empirical Reuslts	(132)
Section 4	Summary of This Chapter	(147)

Chapter 7　Conclusions and Implications (149)

Section 1	Conclusions	(149)
Section 2	Policy Implications	(151)
Section 3	Research Limitations and Prospects	(154)

Appendixes ··· (157)

References ··· (160)

Indexes ··· (160)

Afterword ·· (196)

第一章
绪 论

本章从居民部门能源需求、能源结构、城乡结构以及政策实施效果等视角出发，引出中国农村家庭能源消费转型研究的必要性与重要性，并在此基础上提炼出本书的选题动机与选题意义，之后介绍本书所采用的研究方法与技术分析路线，在研究框架部分将介绍本书研究需要回答的问题、研究内容与研究方法之间的对应关系，最后介绍本书可能的创新之处。

第一节 研究背景

一 需求层面——居民部门能源需求将持续增长

（一）国内视角

能源是世界各国共同关心的话题，也是当前几乎所有国家面临的挑战和机遇的核心（United Nations，2016）。伴随着中国经济的崛起，能源需求不断增加，中国已成为世界第一大能源消费国。如何确保能源供应、防治环境污染、缓解气候变化和减少能源的对外依赖等问题已成为中国高质量发展过程中所面临的重大挑战。作为拥有超过 13 亿人口的最大发展中国家，居民部门的能源消费和碳排放正在成为中国能源需求和排放新的增长点。但长期以来，能源需求的研究重点主要集中在工业和交通运输业等领域，居民部门的能源消费研究（尤其是农村地区的居民能源消费研究）却一直被忽略。事实上，家庭作为居民部门的元素组成，家庭能源需求直接决定了一国居民部门能源需求的发展，它不仅是社会终端消费单元，也是生产活动的原始驱动力。因此，家庭能源消费不仅关乎人民生活水平的提升，也是长期经济增长和社会发展进步的必要支撑。

居民部门一直是中国第二大能源需求部门，2020年居民部门能源消费量占中国终端能源消费量的12.4%。[①] 1991—2020年，中国居民部门终端能源消费量稳步增长，总量从1991年的144.8百万吨标准煤上升到2020年的444.3百万吨标准煤，2020年总量达到1991年的3.1倍。尽管居民部门能源消费每年的增长速度波动起伏较大（见图1-1），但从长期来看，中国居民部门能源消费量的增长趋势仍将持续。

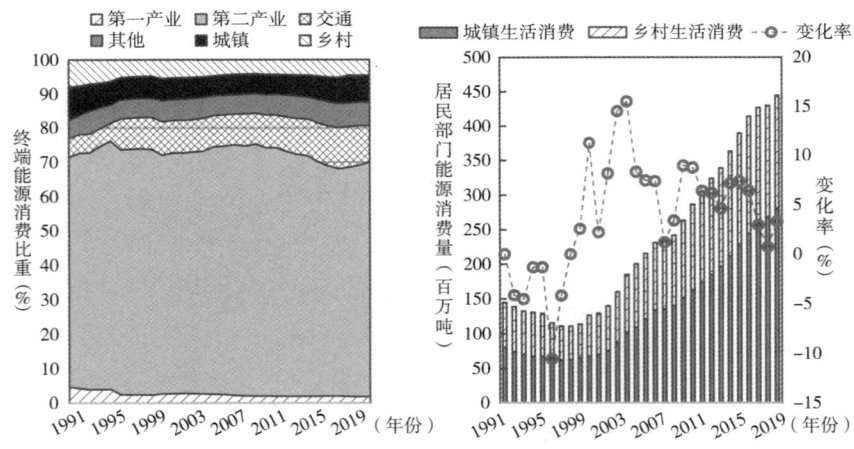

图1-1　中国终端能源消费结构与居民部门能源需求

资料来源：历年《中国能源统计年鉴》。

---

① 此处为电热当量法计算。

(二) 国际视角

居民部门的能源需求总量反映的是居民部门的整体能源规模，与国家人口数量密切相关，所以需要对人均生活能源需求量进行分析。图1-2绘制了主要发达国家和地区与金砖五国在1971—2016年的人均国内生产总值（Gross Domestic Product，GDP）与居民部门人均能源消费量的历史轨迹。图中实线代表发达经济体，虚线代表金砖五国。可以看出，除俄罗斯外，金砖国家的人均生活能源消费普遍低于0.4吨油当量。[①] 而发达国家居民部门人均生活能源消费量则普遍偏高，但与人均GDP两者的关系变化主要可以归纳分为三类：第一类是以加拿大和美国为代表的人均生活能源消费随着人均GDP的上升而下降的情形；第二类是以德国、英国和法国为代表的人均生活能源需求随着人均GDP上升而上下波动但大体维持在稳定水平的情形；第三类是以日本和韩国为代表的人均生活能源消费量随着人均GDP的增长而上升，但整体增长幅度并不明显的情形。

1971—2016年，中国人均能源消费常年维持在0.21—0.26吨油当量，远低于发达国家。若以发达国家的人均生活能源消费发展规律来研判中国未来人均生活能源需求走势的话，我们可以得到一个较为初步的结论，那就是无论中国生活能源需求走向上述三类发达国家的哪一条发展轨迹，考虑到目前中国消费水平过低，中国的人均生活能源需求仍会持续增长。当然，对于国际经验的参照不能仅仅依赖于对一幅图的观察和判断，还需要综合考虑不同国家在发展过程中所面临的国际环境、资源禀赋、发展目标、技术水平、政策工具、自然灾害等诸多因素。但必须承认图1-2为研判中国未来人均生活能源消费模式提供了一个参考坐标系和启示。

现有的中国人均生活能源需求距离发达国家的人均能源需求依然有较大差距。中国现处于工业化和城镇化进程中，伴随着居民日益增长的生活水平所带来的能源需求，大规模的人口流动与定居改

[①] 油当量是按标准油热值计算的各种能源量的换算指标。

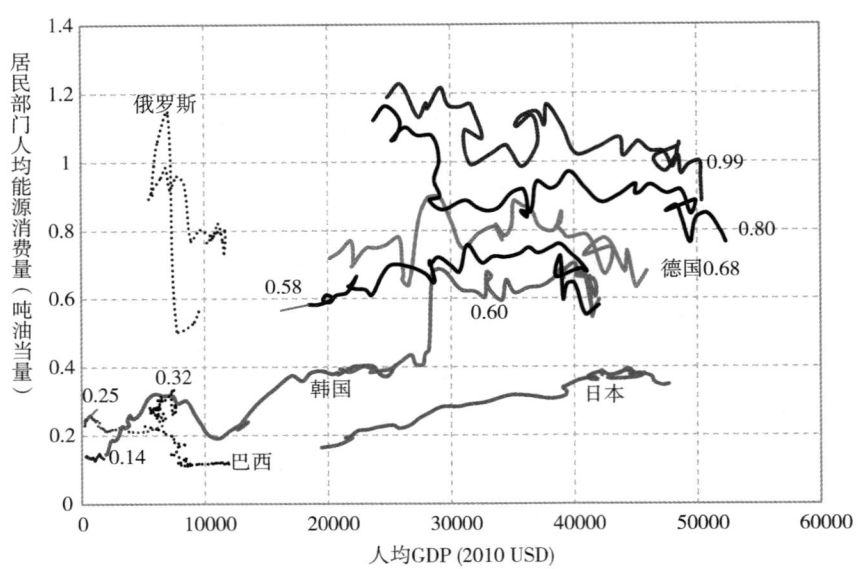

图 1-2 主要国家居民部门人均能源消费和人均 GDP 轨迹图

资料来源：国际能源署（International Energy Agency，IEA）。

变着家庭用能的结构，居民部门的能源消耗预计仍然持续增长，而这势必会给能源管理工作带来压力；同时由于中国人均收入水平较世界发达国家偏低、居民整体受教育程度不高和环境保护意识还较落后、能源消费结构的不合理以及家庭能源使用和管理上的不平衡势必给能源可持续发展带来巨大挑战。因此，准确把握居民能源消费的动向并对家庭能源决策行为进行基础性和系统性研究将有助于中国能源消费的预测和相关规划的制订。

二 结构层面——农村居民部门能源需求存在不平衡与不充分问题

（一）国内视角

发展中国家（尤其是发展中国家农村地区）的能源供给充足和生态环境保护是实现全球可持续发展战略的重要领域。"确保人人获得负担得起的、可靠和可持续的现代能源"已被联合国列为可持续发展目标之一。农村家庭能源消费因涉及贫困、环境、发展等重大问题，对农村可持续发展提出了挑战，已成为人们高度关注的焦点。在党的十九大报告中，乡村振兴战略提出要加快农村发展、改善农民生活、推动城乡一体化。农村能源转型既是实现中国能源转型的重要环节，也是实现中国乡村振兴战略和可持续发展战略的重要命题，更是实现"碳达峰"和"碳中和"目标的有效举措。

家庭能源消费结构的不合理会直接影响居民福利，为了获得最基本的能源需求，贫困人群往往需要耗费大量的时间和精力来收集秸秆和薪柴这类劣质燃料，这在挤占贫困户用于生产和工作的时间成本和降低劳动生产率的同时，也耽误了儿童本该用于接受教育的时间和精力。因而，物质资本积累困难和人力资本积累受限共同制约了收入水平的提升，导致能源贫困和经济贫困的恶性循环（Pachauri，Spreng，2004；Liddell，Morris，2010）。这不仅恶化了农民生活环境，也阻碍了城乡一体化进程。另外，劣质能源的使用还会给环境、气候和居民健康问题带来严重威胁。Wu 等（2022）估计 2016 年农村家庭生物质能燃料对全国 PM2.5 排放的贡献率超过20%；世界卫生组织（2018）估计 2016 年中国有 380 万人的过早死亡是由于室内空气污染和固体燃料的低效使用。考虑到中国农村人口基数的巨大，提高农村居民部门能源消费的质与量不仅与居民生活水平的提升息息相关，也是加快农村经济发展、缩小城乡差距的客观需要，同时更是实现污染防治和精准脱贫战略的重要一环。

1979—2018 年，中国农村家庭能源消费模式发生了巨大的变化。一方面，农村人均能源消费量显著提高，1980—2018 年，农村人均能源消费量从 60 千克标准煤上升至 434 千克标准煤，增长了 6.2 倍。同时与城镇居民能源消费的差距也逐渐缩小；另一方面，农村家庭能源消费选择品种日益多元化，农村居民对煤炭、液化石油气、电力等商品能源的需求大幅增加。尽管近些年来，城乡人均能源需求量差异逐渐缩小，但在结构上还是存在明显差异。首先，农村人均煤炭需求量远高于城镇。其次，农村家庭基本不使用天然气且油品的消费量也远低于城镇。再次，农村地区并不存在热力消费，这主要是由于农村地区不提供集中供暖。最后，值得注意的是，由于官方能源统计年鉴，并未对生物质能（薪柴、秸秆和沼气等）进行核算，而这部分是农村的主要能源来源，因此对被遗漏的这部分生物质能进行分析对于全面考察农村家庭的能源消费行为必不可少。

分地区来看，各省区市用能支出和用能结构差异十分巨大（见表1-1）。按照农村生活燃料支出（不包含用电支出）排序，对各省区市的用煤量和用电量进行比较。首先，农村生活燃料支出与地区经济发展水平并未呈现绝对的正相关关系。例如，宁夏和青海等经济发展较为落后的地区燃料支出在全国排名第五和第六，但北京和天津等经济较为发达地区燃料支出同样居全国第一位和第二位。其次，农村生活用电量与经济发展水平关系密切，直观来看，经济发展水平越高，户均用电量也越高，东部地区用电量普遍高于中西部地区。再次，从用煤量来看，取暖需求导致北方地区农村户均生活用煤量普遍高于南方地区。

表1-1　　　2012年各省区市农村地区燃料使用情况比较

省区市	用煤量 （千克/户）	用电量 （度/户）	燃料支出 （不含电，元/户）	燃料支出 排名
北京	1554.9	2767.2	1932.9	1
天津	847.2	1626.5	1310	2
河北	1198.1	1092.9	1192.2	3
新疆	2390	516.6	1084	4
宁夏	1353.4	864.2	1050.8	5
青海	1315.8	643.3	875.4	6
山西	1260.9	850.6	801.7	7
甘肃	851.9	606.6	767.4	8
内蒙古	1199.3	689.8	757.9	9

续表

省区市	用煤量（千克/户）	用电量（度/户）	燃料支出（不含电，元/户）	燃料支出排名
山东	449.9	830.7	638.8	10
广东	7.9	1359.8	635.1	11
贵州	564.8	962.7	626	12
上海	0.1	2158.2	573.1	13
浙江	13.8	1611.4	553.4	14
福建	25.5	1973.8	488.5	15
陕西	526.1	773.4	473.4	16
黑龙江	510.4	773.6	460.3	17
辽宁	342.4	797.6	445.2	18
湖南	331.5	802.5	430.8	19
河南	284.3	933	373.9	20
江苏	26.8	1325	320.6	21
江西	122.7	802.1	267	22
重庆	123.8	896.9	247.9	23
湖北	52.5	833	245.3	24
云南	252.4	648.9	203.2	25
海南	0	841.5	187.2	26
安徽	31.1	765	179.9	27
四川	64.9	841.6	177.2	28
吉林	139.4	634.3	161	29
广西	1.9	805.4	153	30
西藏	—	398.2	100.6	31

资料来源：《2013年住户调查年鉴》。

（二）国际视角

图1-3对2010年金砖五国城镇居民和农村居民在不同商用能源品上的消费支出（以国际元表示）进行了比较，图中顺序是按照居民在商品能源上的总支出进行排序。在金砖五国中，俄罗斯的商

品用能支出最高，中国与印度农村居民在商品用能上的支出较为接近。从能源支出结构来看，除印度外，其他四国城乡用能支出结构较为相似。其中，中国农村居民同城镇居民的消费结构非常接近，有一半以上的能源支出用于电力，而燃气和煤炭等燃料的支出分别占能源总支出的26%和21%；从城乡用能支出差异来看，首先中国城乡用能支出差异最高，城镇用能支出为农村用能支出的3.3倍，其次为南非，为3.02倍，其他三个国家差异不到2倍。这在一定程度上印证了中国在政策层面上的城乡割裂导致了能源消费支出的巨大差异。

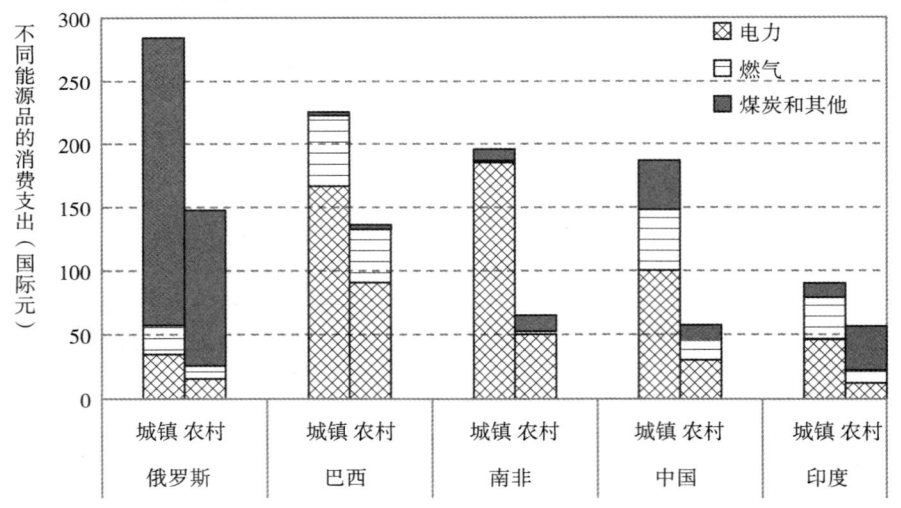

图1-3　金砖五国2010年城乡居民不同商用能源品的消费支出

资料来源：世界银行、全球消费数据库（World Bank，Global Consumption Database）。

除了在不同能源品种的支出上中国与其他国家存在差异外，中国内部不同收入组间的能源支出也各不相同。图1-4按不同收入分组对2010年金砖五国的能源消费支出占比进行了比较。图1-4(a)为城镇地区，图1-4(b)为农村地区。很明显，对于城镇来说，人均能源消费支出占比会随着人均收入的上升而下降，收入同能源支出呈现负向相关性。但是对于农村地区来说，情况则不尽然。尤其是中国数据显示越富有的农村居民会在商品能源消费上支出越多。并且与其他国家相比，中国居民能源支出占总消费的比重并不算低。

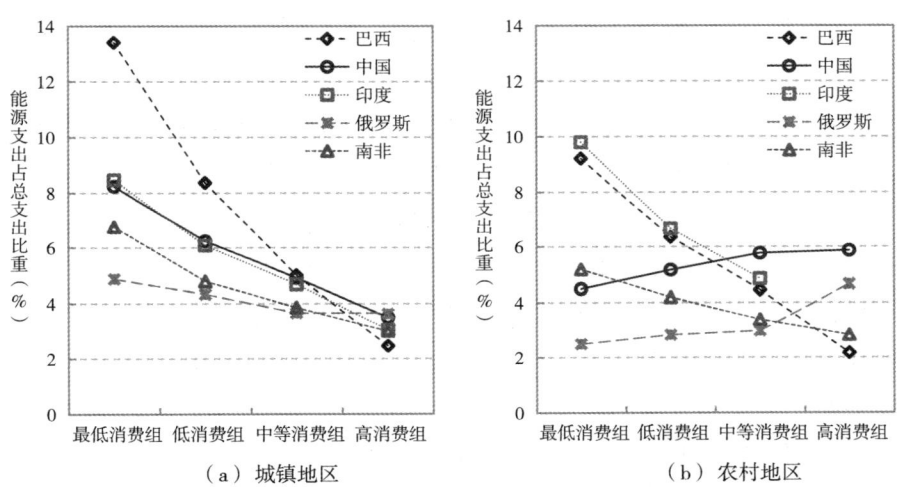

图1-4 金砖五国2010年城乡居民不同收入分组的能源消费支出占比

说明：世界银行将各国居民消费数据按照人均收入分位数划分为四组，其中最低消费组为50%分位数及以下人群，低消费组为51%—75%分位数人群，中等消费组为76%—90%分位数人群，高消费组则对应91%及以上分位数人群。

资料来源：世界银行、全球消费数据库。

三 政策层面——农村家庭能源转型举步维艰

为了应对中国能源发展的困境以及频发的雾霾天气，中国政府出台了一系列与防治污染和节能减排相关的行动计划，例如，《能源发展战略行动计划（2014—2020年）》《大气污染防治行动计划》和《打赢蓝天保卫战三年行动计划》等。这些计划中都明确提到了能源结构调整以及能源替代的重要性。对于居民部门（尤其是农村居民部门）而言，近些年来供暖季散煤治理政策的实施以及政策的持续加码，更是推进了能源替代政策的落实和推广。但从"煤改电"政策和"煤改气"政策的实施效果来看,政策干预对环境的优化作用尚未明显显现,而在"煤改气"过程中所引发的气荒及气价上涨和"煤改电"过程中带来的设备安全隐患却引发了公众对政策有效性的关注与争论。此外,农村地区家庭对优质能源支出的承受力不足等问题更是接踵而至。

农村地区家庭能源替代政策的推及之难给政策制定者带来了巨大的挑战。而这一尴尬处境与中国资源禀赋和中国现阶段经济发展水平不无相关。一方面,从能源供给角度来看,在中国"富煤贫油少气"的能源供给结构背景下,"煤改气"政策的实施存在资源错配与资源浪费之嫌,即供给充足的煤炭资源与进口依存度极高同时价格昂贵的天然气之间的矛盾,这导致"煤改气"政策的实施举步维艰;另一方面,从能源可支付性来看,中国农村地区经济发展还较为落后,尽管政府给予了农村家庭大量的设备购置补贴和电价气价补贴,但这并不能覆盖农村家庭在电力消费和燃气消费方面的支出,大部分家庭仍然无法支付高昂的用能成本。

在这种困境之下,厘清中国农村家庭能源转型的客观规律显得尤为重要,是选择"一刀切"的强制性能源替代政策,还是通过完善基础设施、提高农民收入以实现渐进式转型,都是政府需要重点考虑的问题。

综上所述,无论是从能源消费总量趋势、能源消费结构现状抑或政策实践效果来看,中国在农村家庭能源消费转型问题上都存在许多未解之谜,而为更好地探索上述问题的答案,对家庭能源消费问题进行基础性研究十分重要以及必要,因此本书将系统地解答以下关于农村家庭能源消费领域的基础性问题。

第一,在缺乏统计体系的情况下,如何对家庭能源消费进行测度和核算?

第二,在缺乏统计数据的情况下,中国农村家庭能源消费究竟什么样(具体包括用能数量、用能结构、能源用途以及能源带来的碳排放等)?

第三，在缺乏相关分析的情况下，什么因素影响了中国农村家庭的用能选择？应该如何看待能源阶梯假说和能源堆叠假说的关系？

第四，在政策干预的情况下，农村家庭能源替代政策是否真的有效？如何衡量以及从哪些方面衡量其有效性？

第五，能源消费的不平等如何加剧农村家庭的脆弱性并阻碍农村家庭能源的转型？

第二节 选题意义

本书是基于"问题驱动"的实证研究。通过在统一框架下对中国农村家庭能源消费进行全方位测度，刻画出中国农村家庭用能行为特征，并通过区域比较与国际比较，识别出中国农村家庭能源消费中存在的亟须解决的问题。接着利用计量模型对影响家庭用能选择的因素进行全面的探讨，以厘清用能选择背后诸多影响因素的方向并定量估算其影响程度，从而为解决不充分与不平衡问题提供一定的科学依据。在政策实践上，通过利用散煤治理政策这一干预机制，深入考察能源替代政策的有效性，这为未来中国农村能源替代的路径选择提供了思路。在此基础上，通过对能源消费的测度，进一步利用不平等分析方法量化中国农村家庭的能源失衡问题，考察农村家庭在能源转型中的脆弱性。

从学术意义来看，现有文献由于研究者领域的不同和研究侧重点的不同，对居民能源行为的研究并不全面，同时受到数据的限制，迄今为止尚未有学者对中国农村家庭能源需求进行系统性研究。首先，本书提出基于设备的自下而上能源核算方法为家庭能源消费提供了一套统一、完整、灵活的核算框架，使得核算数据具有可比性，通过核算得到的细化到能源设备、能源结构以及终端能源用途层面的消费数据能够帮助研究者对家庭能源消费问题进行更加深入的分析，而对中国农村家庭能源消费特征的描述和差异比较也可以为后续的实证研究（例如，预测未来家庭能源需求的变化趋势）提供数据与事实支撑。其次，利用全国大规模的家庭入户调查数据对用能选择影响因素进行研究，并采用计量技术对能源阶梯进行验证，提升了研究结果的可靠性，所提出的能源燃料品种与家庭收入之间的倒 U 型关系，则加深了对能源阶梯理论和能源堆叠理论两者关系的探讨，有助于弥补现有研究关于这一问题的空白。最后，对能源不平等的测度有助于填补现有研究利用货币性指标对不平等进行测度的不足，为准确测度中国的不平等提供了新的选择，并从能源不平等的视角说明了农村家庭在能源转型过程中的脆弱性。

在实践上，早期经济发展所带来的环境与气候问题使得中国正面临着巨大的节能减排压力。为了促进节能减排，中国在低碳能源技术以及气候、环境和能源政策等方面投入了大量人力、财力与物力。在这样的背景下，家庭作为这些政策的作用对象之一，其能源消费模式直接关系到节能减排进展，进而关系到中国"碳达峰"和"碳中和"目标的实现。通过了解农村家庭能源消费的驱动力，识别出未来中国农村在推进清洁能源过程中将面临的机遇和挑战，将有助于促进中国农村能源消费的转型。而现有的官方能源消费调查或统计数据仅从宏观层面对中国家庭能源消费特征进行描述，这使得决策者难以从家庭层面了解事实背后的原因和影响机制，也无法为中国能源管理者和政策制定者提供有针对性的决策依据。

另外，随着商品能源消费的普及和推广，在民生方面如何确保家庭有能源可用并用得起显得十分关键。一般而言，家庭用能行为受多种因素驱动，如何最优化家庭能源消费模式并推进能源转型则需要通过实证研究和政策评估来得以实现。因而本书的分析有助于为决策者找到有效的政策抓手，提供具体的方案和政策建议。

综上所述，通过测度家庭能源消费数量、了解家庭能源消费的驱动力、评估能源政策有效性并考察不平等能源转型的影响，将不仅有助于识别家庭能源转型的潜力和障碍，也有助于为政府决策提供可靠的参数与科学依据，进一步提高政策实施的科学性，进而促进中国人民生活品质提高、家庭能源结构的改善以及城乡能源一体化，并加快中国能源结构的调整和能源转型的步伐。

第三节　研究方法与技术路线

本书所指的家庭能源消费均为家庭直接能源消费，涉及的研究方法主要包括以下三种。

（1）计量分析法。本书将基于丰富的微观调查数据，根据分析目的与研究重点，设定相关的计量回归方程，并进行模型检验，利用固定效应模型、交互项模型、比重回归模型和泊松模型对计量方程进行估计，从而定量刻画出各影响因素对用能选择的作用方向与大小。

（2）政策效应评估法。本书将利用散煤治理政策这一准实验对能源替代政策的实施效果进行评估，进而对能源替代的路径选择进行讨论，因此需要应用政策效应评估方法来估计政策的作用方向和大小。由于数据的限制，本书采用倾向匹配得分的方法从能源清洁性和能源充足度两个方面考察政策的实施效果。

（3）不平等测度法。本书利用洛伦兹曲线、基尼系数、洛伦兹不对称系数以及集中指数对农村家庭能源消费的脆弱性问题进行研究，并在此基础上利用可拓展的随机性的环境影响评估（Stochastic Impacts by Regression on Population, Affluence and Technology, STIRPAT）模型和夏普利（Shapley）方法对不平等的来源进行分解。

根据以上研究方法以及研究思路，本书采取的技术路线如图1-5所示。

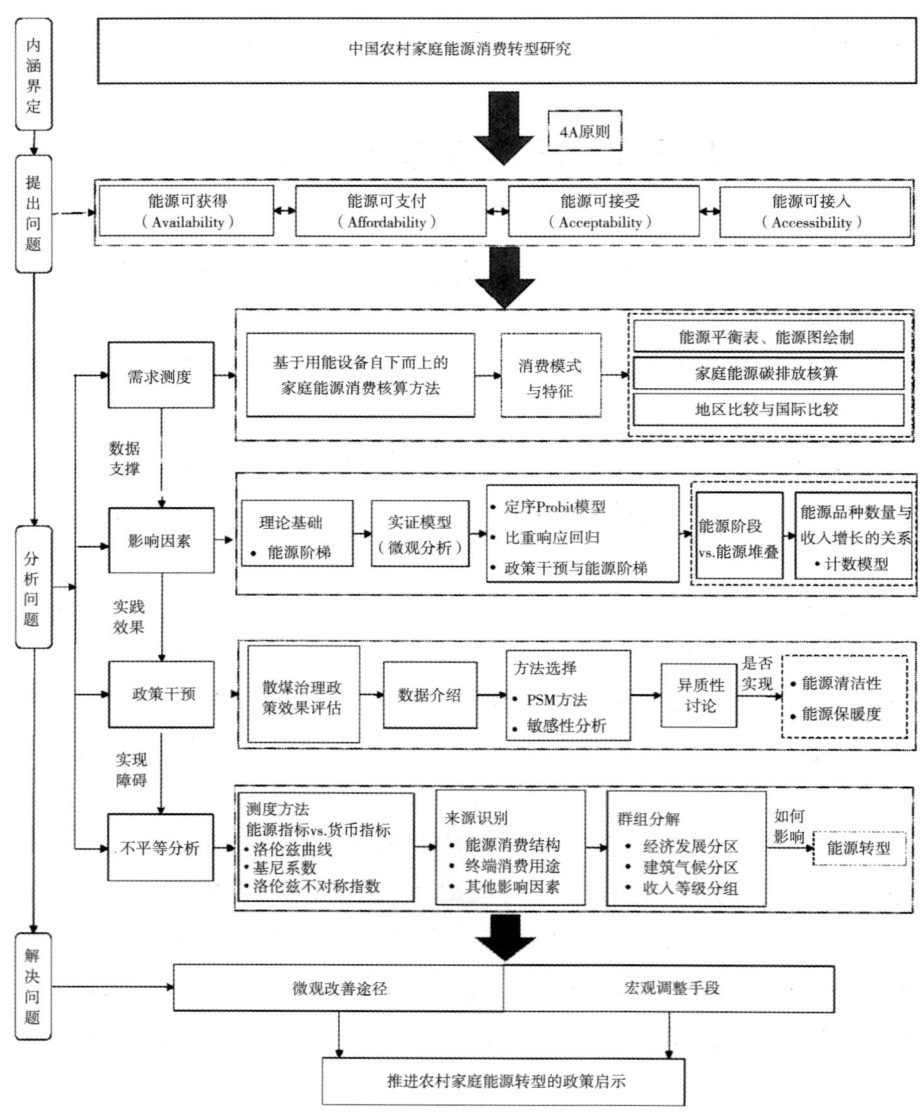

图1-5 本书技术路线

第四节 研究框架与主要内容

一 研究框架

本书的概念框架主要包括一条主线、五大问题。

（1）"一条主线"。指家庭能源消费的 4A 原则，即能源可获得（Availability）、能源可支付（Affordability）、能源可接受（Acceptability）和能源可接入（Accessibility）[①]。其中，能源可获得，顾名思义即农村家庭能获得能源来满足其日益增长的能源需求；能源可支付指农村家庭愿意支付且能够支付其用能成本；能源可接受则是指能源的清洁性可以接受；能源可接入指农村家庭能够公平接入与获得各类能源。本书研究围绕这条主线展开，这条主线既贯穿于本书研究活动的始终，又渗透于各章节的研究之中。

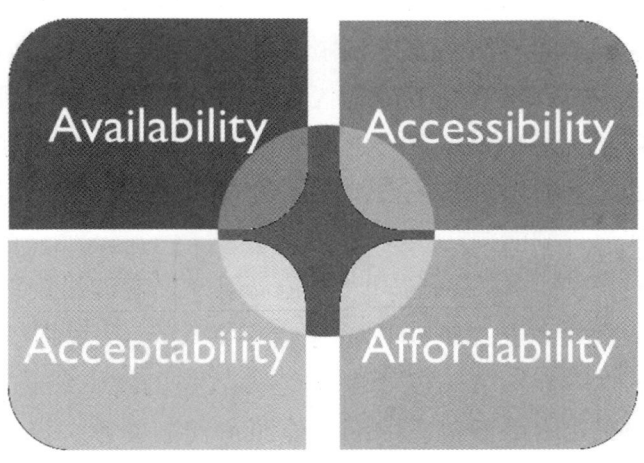

图 1-6 本书研究的分析视角

---

① 一般来说，可接入性主要用于网络经济学中公平竞争等问题的研究，考虑到农村家庭应对各类外生冲击的能力较为脆弱，而公平和平等问题是这一脆弱性的重要来源，因此本书将利用这一概念考察能源公平性问题。

（2）"五大问题"。为始终贯彻研究主线，本书围绕"提出问题—分析问题—解决问题"的逻辑展开，回答了农村家庭能源消费什么样、为什么这样以及应该怎么样等问题。具体包括以下方面。

首先从宏观层面，从需求端、供给端和政策端全面梳理中国农村家庭能源消费转型存在的问题，提出研究农村能源消费转型的重要性。其次本书从微观层面对农村能源消费转型过程中存在的问题进行系统研究，共包括五个问题。第一个问题是如何测度家庭能源消费？第二个问题是中国农村家庭能源消费什么样？基于对第一个问题的解答来回答第二个问题，进而准确而完整地给中国农村家庭用能行为进行画像，该问题是本书的研究起点，可为后续研究提供研究基础和研究空间。第三个问题是什么影响了农村家庭用能选择？这将基于对前两个问题的研究，以核算得到的家庭层面能源消费数据作为支撑，对中国农村家庭用能选择的影响因素进行全面分析，从经济因素、人口统计学特征、资源禀赋等视角识别影响中国家庭用能行为的因素。基于第三章对影响因素的理论分析的基础，第四个问题则从现实实践的角度探讨了外部变量的改变将如何影响能源转型，通过评估农村家庭能源替代政策的有效性，为如何解决农村家庭能源转型问题提供思路。第五个问题是识别农村家庭能源转型的障碍，通过对中国农村家庭的不平等情况进行评估，定量考察农村不平等如何影响能源转型。

根据图1-7，本书的逻辑框架也可以从横向和纵向两个层面进行解释。从横向来看，4A原则贯穿全文各章节；从纵向来看，也可描述为"重大事实—重要关系—关键参数"的逻辑结构层层递进。首先，通过采用本书所提出的家庭能源消费测度方法核算中国农村家庭能源消费，对中国农村家庭能源消费的事实进行描述。其次，在核算得到的数据基础上，考察经济特征、人口统计学特征等对家庭用能选择的影响，尤其是家庭收入与用能选择之间的关系，利用计量技术估算各变量对用能选择影响程度的参数大小。再次，在对用能选择的影响因素进行分析的基础上，从政策实践层面研究能源

第一章　绪论　17

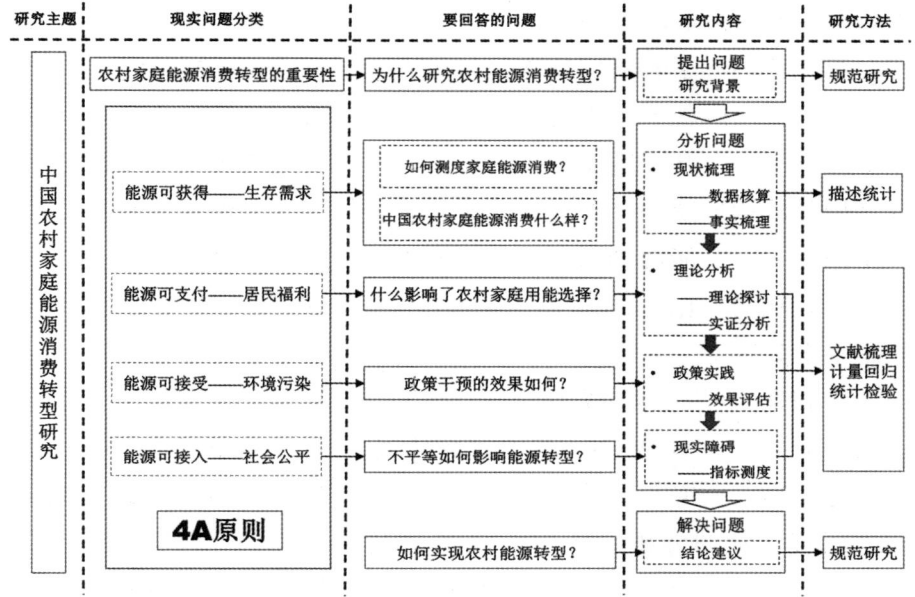

图1-7　本书的研究框架

替代政策的效果，定量评估农村家庭能源转型的有效性。最后，通过对不平等程度这一指标的测度考察能源不平等在家庭用能转型过程中的脆弱性。

二　研究内容

本书的具体章节安排如下。

第二章对国内外有关家庭能源消费的测度、能源消费不平等的测度、家庭能源消费的影响因素和政策干预的理论与实证研究文献进行了归纳与梳理。首先，总结了家庭能源消费测度的几种方法，并对其进行比较。其次，对能源环境领域的不平等测度问题进行了回顾。再次，在对家庭用能选择影响因素的分析中，则是先从理论层面对能源阶梯和能源堆叠假说进行回顾，然后从经济特征和家庭特征等因素出发归纳梳理了目前对于该问题的实证分析，同时对目前的外部干预方式及效果进行了回顾。最后，总结了目前关于家庭能源消费研究的成就与缺陷。

第三章回答了农村家庭能源消费是什么和什么样的问题，重点在于对农村家庭能源消费测度方法的介绍及对该方法的应用。该章主要提出了一个基于用能设备的自下而上的家庭能源消费核算方法，并利用目前的微观调查数据库对该方法进行应用。根据得到的结果，对中国农村家庭能源消费和碳排放的现状与特征进行刻画，并通过区域比较和国际比较，识别出中国农村家庭能源消费存在的不充分与不平衡问题。

第四章则是回答了为什么农村家庭会选择目前所用能源，即什么因素影响了中国农村家庭的用能选择，这是本书的重要研究内容，也是对第三章结论的延续。基于入户调查的数据，结合对国内外已有文献的分析，构建能源消费的计量回归模型，从经济因素、家庭特征和外部干预三个方面归纳了家庭用能行为的影响因素，继而通过理论探讨和实证研究，解析能源消费行为与各影响因素之间的关系，确定家庭能源消费选择的决定因素，并通过对燃料品种数量和收入关系的分析对能源阶梯和能源堆叠假说进行进一步的探讨。

第五章回答了能源替代政策干预效果怎么样的问题，即对中国农村家庭能源替代政策的效果进行评估。该章以北京市散煤治理政策为例，利用倾向得分匹配的方法从能源清洁性和能源充足度两个视角对政策的有效性进行分析，并在此基础上对不同人群进行异质性分析。

第六章通过对农村家庭能源消费的不平等程度进行测度以及对不平等来源进行分解，深入定量分析了农村家庭能源消费的不充分与不平衡，并考察了不平等对农村家庭能源转型的影响。首先采用洛伦兹曲线、基尼系数和洛伦兹不对称系数评估了中国农村能源消费的不平等情况，并提出了能源指标测度不平等之于货币指标的好处。其次通过能源用途、能源结构、经济发展水平、气候分区以及收入分组对不平等的贡献来源进行分解。最后量化了不平等对家庭能源转型的影响。

第七章为本书结论与启示。该章通过对上述章节内容的重要结论进行回顾与总结，提出了本书研究对于中国农村家庭能源转型的一些政策建议，并指出了全文研究存在的不足之处以及未来可改进的方向。

第五节 可能的创新之处

一 研究内容的创新

以往对于家庭用能行为的研究多集中在对能源消费的描述性分析方面，而缺乏对其行为特征、行为成因和行为影响的系统性分析，同时以往对用能行为的计量分析多关注于对能源需求弹性的估计，存在重"量"而轻"质"的现象。本书通过构建用能选择模型，从学理上诠释、实证上检验，对家庭用能行为中用能选择进行深入分析，为国内家庭用能行为的研究提供了一个新的视角。其中，对燃料品种数量与收入的关系进行分析更是丰富了目前关于能源阶梯假说和能源堆叠假说的研究。此外，本书对家庭能源消费问题的研究除了回答包括家庭能源消费是什么、为什么以及怎么样的问题外，还进一步考察了家庭能源转型过程中的脆弱性（即不平等对家庭能源转型的影响），并提出能源消费作为设备服务流，能更准确地衡量不平等程度，为不平等问题的研究提供了新的思路。

二 方法应用的创新

以往研究主要以时间序列分析和指数分解方法对用能选择问题进行分析，并且该类研究多集中于能源工程与管理学科，偏向于对能源选择与各类变量的相关关系而非因果关系的识别进行研究，这给问题的深入分析造成了局限。本书在研究方法上有三点突破。一是系统地提出了基于用能设备的自下而上的家庭能源消费核算方法，这为家庭能源消费提供了一套统一、完整、灵活的核算框架,使得核算数据具有可比性,为后续的实证研究提供数据与事实支撑,并且通过核算得到的细化到用能设备、能源结构以及终端能源用途层面的消费数据能够帮助研究者对家庭能源消费问题进行更加深入的分析。二是采用固定效应模型考察了中国农村家庭用能选择的影响因素,从县级层面控制固定效应在一定程度上解决了由扰动项所引起的内生性问题。三是采用政策效应评估方法对政策干预效果进行评估,而该领域使用政策效应评估方法的研究十分有限,因此本书将是对该问题研究的有益补充。

三 数据资料的创新

以往文献多采用宏观数据或局部微观调查数据对中国家庭能源消费问题进行研究,使用宏观数据研究在一定程度上会遗漏家庭个体特征对能源消费的影响,同时采用局部微观调查数据的研究在一定程度上存在样本代表性不足无法代表全国的情况。尽管存在少量研究采用全国调查数据进行分析,但其问卷对能源相关问题涉及较少,可研究的问题有限。本书将采用专门化的全国家庭能源调查数据对家庭用能行为进行研究,能够更加全面地刻画中国家庭用能行为特征并对用能行为进行探讨。

第 二 章

文献综述

根据全书的研究内容，本章将分别从指标测度、影响因素和政策干预效果三个方面对现有文献进行梳理。本章的框架结构如下。第一节是家庭能源消费的测度，这是对后续各类能源问题进行研究的起点；第二节是能源消费不平等的测度，这是对上一节研究问题的引申；第三节是对家庭用能选择影响因素的讨论研究；第四节是外部干预对家庭能源消费的影响。

第一节 家庭能源消费的测度

对于家庭能源消费的测度，首先需要明确家庭能源消费的边界。一般来说，家庭能源消费主要分为家庭直接能源消费和家庭间接能源消费。家庭直接能源消费主要指家庭用于炊事、空间取暖和空间制冷、家用电器和照明、热水和交通等终端用途的能源消费量；而家庭间接能源消费则是指家庭所购买的商品在生产和运输等过程中的能源消费量以及家庭所购买的服务在服务过程中所产生的能源消费量。就全文而言，考虑到间接能源消费需要对家庭全年的各项商品和服务消费进行统计，工作量巨大，因而全文所提到的家庭能源消费均是指家庭直接能源消费。

现有文献对家庭能源消费的测度和核算方法主要包括三类，分别为计算法、测量法和混合方法（Wang, et al., 2012）。

如图2-1所示，第一类是计算法，计算法可以进一步分为自上而下和自下而上两种方法，具体参见 Swan 和 Ugursal（2009）、Kavgic 等（2010）。这两种方法对数据层次和用于计算的信息要求不同，选择何种方法进行计算通常取决于核算模型的估计目的以及数据的可得性（Swan，Ugursal，2009）。而自上而下的方法则依赖于汇总级别的历史数据，更多的是使用地区宏观历史数据。它从整体上考虑了家庭能源消费情况，主要通过收集地区居民部门的能源消费数据与一系列宏观经济变量数据（例如，地区生产总值、能源价格和能源强度等变量）进行分析。该方法可以根据数据可得性分能源品种来研究问题，但无法细分为特定的能源终端用途进行考虑。但该方法的显著优点在于数据的获取较为容易，因此被大量学者使用。在具体的实证分析中，该方法可以通过计量方法（例如，时间序列和多元回归方法）来实现自上而下的估计。

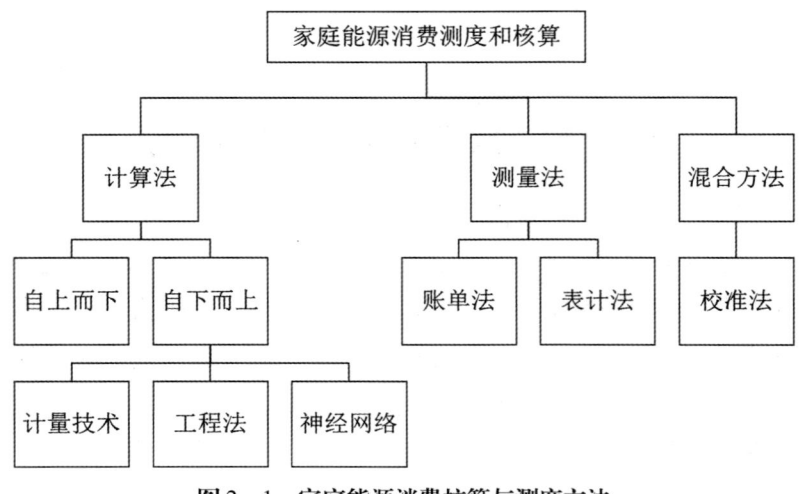

图2-1 家庭能源消费核算与测度方法

而自下而上的方法则是通过分析不同组别（例如，终端用途、能源品种或不同住宅类型等组别）的能源消费情况来对整体能源消费情况进行描述。但是目前众多研究对自下而上方法的应用仅止步于数据收集步骤，也就是通过入户问卷调查询问家庭在各类能源品种上的消费量，再自行加总，这类分析仅能获得家庭在各类能源品种上的消费量和消费量合计。除此之外，自下而上方法还可进一步细分为计量技术、工程法和神经网络三类。与自上而下方法相比，这三种方法更为复杂，通常对数据的细分程度和计算速度也有较高的要求。计量回归模型在自下而上方法中尤为常见。例如，条件需求分析（Conditional Demand Analysis，CDA）就是利用计量技术来估计家庭能源消费量。此外，工程法和神经网络也是自下而上方法中较为常见的类别。从计算过程来看，工程法和神经网络可以归类为正向建模模式。工程法强调了设备的物理特性、房屋属性、气候特性以及家庭成员的行为等，而神经网络更像是在模拟大脑思维的过程，但是由于计算过程较为复杂，对其使用并不十分广泛，具体的应用可以参考 Issa 等（2001）和 Aydinalp 等（2002）。

第二类是测量法，该方法结果较为客观，不受人为判断的影响，能够更加简单、准确地测度家庭能源消费量。测量法主要包括两种形式，一是账单法，二是表计法。账单法是通过家庭的能源账单和能源价格来计算能源消费量，这种形式的缺点在于无法区分出家庭在各个设备的消费量以及各类终端用途上的能源消费量；而表计法则是通过安装实时监控设备获取家庭各类设备的用能情况，该方法能提供精确的能耗监控数据，但是该方法的成本过高。

第三类是混合方法。不同于单独使用计算法或单独使用测量法来核算家庭能源消费量，目前更为流行的是利用混合模型来对数据进行校准，这主要是利用基于测量的方法获得的数据来校准基于计算法估计得到的结果（Calili et al.，2017）[1]。

---

[1] Calili, R. F., Souza, R. C., Musafir, J., & Mendes Pinho, J. A.（2017）. Correction of load curves estimated by electrical appliances ownership surveys using mass memory meters. Energy Efficiency，11（1），261 – 272.

这些方法的比较如表 2 - 1 所示。自上而下的方法更多地依赖历史宏观数据，对数据的要求并不高，并且此方法的操作过程相对简单，而运算时间则主要取决于所采用的计量方法，有少部分方法（如迭代法）可能会花费很长时间。自上而下方法的明显缺点在于无法分解终端能源用途。而且在某种程度上，计量技术中变量的选取较为主观，这将导致估算结果的不准确。

不同于自上而下的方法，自下而上的方法需要家庭行为和设备特征等方面的详细数据投入，这意味着自下而上的方法在数据方面的要求很高。但部分自下而上的方法也同样会使用计量技术，这与自上而下方法具有某些相似之处。同时，自下而上方法需要收集大量的技术参数和大规模的家庭数据样本。神经网络则具有相当复杂的运算过程，耗费时间更长。

在所有这些方法中，测量法具有明显的优势，即测度结果更加精确。对于账单法来说，如果能够从能源服务供应商（如国家电网等）处获取数据，那么得到结果的过程较为简单，但是如果数据来自家庭入户调查，则整个过程会较为复杂，因为涉及大量的钱财、人力和时间投入。账单法的缺点是它无法将家庭能源消费分解为终端用途或能源类型。而表计法虽然可以通过获取设备的实时运行情况准确测度家庭能源消费，但是设备安装成本和后期运行费用非常高。

表 2 - 1　　　　　家庭能源消费核算与测度方法比较

方法	计算法				测量法	
	自上而下	自下而上			账单法	表计法
		计量技术	工程法	神经网络		
数据要求低	√	×	×	×		
复杂度低	√			×		
运算量小				×		
成本低	√					×
核算准确性高	×	×			√	√
可分解性	×				×	

第二节 能源消费不平等的测度

目前能源领域对于能源贫困问题的讨论较为丰富，对于不平等问题的研究则较少。但近些年越来越多的文献开始尝试将经济学中用于研究收入分配问题的分析工具引入能源消费不平等这一问题的研究。这主要指利用洛伦兹曲线和基尼系数这一经济学中用来衡量不平等的分析工具对能源消费的分布问题进行探究。洛伦兹曲线利用图示的方法来反映人口累计百分比与收入累计百分比之间的对应关系，通常用来表示一个经济体内收入分配的情况；而基尼系数则是基于洛伦兹曲线对收入分配公平程度进行量化的指标。

从国内研究来看，最初部分研究尝试利用该方法来衡量环境领域中碳排放和空气污染物排放的不平等，能源领域中研究分析能源消费不平等的文献极为缺乏。从国内来看，范金和胡汉辉（2002）将污染比重替代传统基尼系数的人口累计百分比作为横坐标，构建了环境洛伦兹曲线，以此反映出由于收入的不平等导致污染影响程度的差异。之后，王金南等（2006）提出了基于 GDP 的中国资源环境基尼系数概念，并对范金和胡汉辉（2002）所用的污染指标进行扩展，计算了资源消耗、能源消耗和多种污染物排放的资源环境基尼系数，该系数反映了国家资源消耗与污染排放分配的内部公平性。到 2008 年，钟晓青等（2008）对王金南等（2006）提出了质疑，认为基于 GDP 的基尼系数会得出"越富裕越有排污权"这类错误结论，并在此基础上提出了基于生态容量的资源环境基尼系数。之后，基尼系数和洛伦兹曲线被逐渐应用到了能源领域。廖华和魏一鸣（2010）计算了 1971—2007 年世界人均用能量和用电量的不平等程度，发现人均用能量的基尼系数有所下降，而人均居民生活用电量的基尼系数下降幅度则更大。吴巧生和汪金伟（2013）在洛伦兹曲线和基尼系数的基础上，还加入 Theil 指数分析了能源消费的不平等性，同样发现世界能源消费的不平等程度在逐渐下降。贾艳琴和张永凯（2013）估计了省际间电力消费不平等程度，结果显示中国省际间电力消费不平等在逐渐恶化，而第二产业则对这种恶化起着重要作用，居民用电量的提高则有利于改善电力消费的不平等。同样利用省级数据进行分析，张金良等（2015）则重点考察了居民部门能源消费的不平等情况，研究表明中国电力消费已经达到了非常公平的水平。不同于以上研究均使用宏观数据进行分析，孙威等（2014）利用微观调查数据分别从能源贫困的广度、深度和差异度三个维度对云南省的能源消费情况进行了定量分析，其中所提到的差异度则为不平等程度。

　　从国外研究来看，使用基尼系数和洛伦兹曲线对碳排放进行研究起步较早，且近些年来研究成果数量不断增加。Heil 和 Wodon（1997；2000）利用洛伦兹曲线和基尼系数计算全球人均碳排放的不平等程度，并利用 Lerman 和 Yitzhaki（1985）提出的方法分解出了富国和穷国对不平等的贡献程度。Tol 等（2004）估计了全球气候变化的基尼系数，提出气候变化的影响会加剧不平等程度。Groot（2010）提出洛伦兹曲线和基尼系数在碳排放中的应用有助于政策制定者和公众了解各国的减排行动。Padilla 和 Duro（2013）则在考察纯碳排放不平等的基础上，讨论了碳排放不平等与收入不平等的关系，以及计算了拟碳基尼系数和 Kakwani 系数，其中纯碳排放不平等是指碳排放与人口两者之间的对应关系，而拟碳基尼系数则是指碳排放与收入之间的对应关系。关于对中国碳排放不平等的研究，少部分学者利用不同层面的数据对该问题进行讨论。在宏观层面，Clarke-Sather 等（2011）研究了 1997—2007 年的省际二氧化碳排放不平等问题。Chen 等人（2016）同样利用省级数据对该问题进行了分析。Wang 和 Liu（2017）则利用夜间灯光数据，计算了 Theil 指数和 Atkinson 指数，来研究城市层面上的二氧化碳排放不平等变化；在微观层面，主要是对家庭碳排放的研究。Wiedenhofer 等（2016）首先利用投入产出方法估算了中国家庭的碳排放数据，并提出了家庭碳足迹的基尼系数。Xu 等（2016）使用家庭调查数据分析了中国城市层面的家庭二氧化碳排放不平等情况。

除了对不平等程度进行测度外，越来越多的学者开始对不平等的原因进行探究，而这主要是通过对不平等系数进行分解来实现的。目前，大多数的文献都通过对子样本组进行分解来确定各个组别对不平等的贡献。Duro 和 Padilla（2006）使用 Kaya 分解法对影响世界碳排放不平等的因素进行了分解。Padilla 和 Duro（2013）在分析欧盟的碳排放不平等情况时也使用了类似的方法。Xu 等（2016）采用了 Shapley 分解方法分解了家庭碳排放的不平等。Chen 等（2017）提出了 LMDI 方法在二氧化碳排放不平等中的分解和增量分解中的应用。在这些方法中，Kaya 分解法和 LMDI 分解法会受恒等式约束，在分解形式上较为单一，而 Shapley 分解方法则是基于回归模型，因此模型形式更加灵活，可以在非线性模型中使用。

在碳排放不平等的研究蓬勃发展的同时，国外能源不平等的研究也逐渐兴起。Jacmart 等（1979）首次应用洛伦兹曲线描述 1950—1975 年人均能源消费的不平等趋势，结果表明能源不平等在不断缓解。Saboohi（2001）估算了伊朗城市地区和农村地区的终端能源消费和能源补贴的基尼系数分别为 0.21 和 0.23，认为能源补贴可能会加剧能源的不平等程度。Fernandez 等（2005）估计了印度农村地区不同阶层人口的能源消费基尼系数。之后，Jacobson 等（2005）正式提出了能源洛伦兹曲线和相应的能源基尼系数。文章比较了挪威、美国、萨尔瓦多、泰国和肯尼亚五个国家的用电量分布情况，结论认为能源洛伦兹曲线的形状取决于国家财富、收入分配、基础设施、气候条件和能源效率措施以及农村人口的规模及地理分布，同时发达国家电力消费不平等程度远低于其他国家。Druckman 和 Jackson（2008）则提出基于地区的基尼系数（AR—GINI），认为该系数可用于衡量家庭能源消费、资源使用和环境污染等多领域的不公平程度。Kammen 和 Kirubi（2008）同样采用洛伦兹曲线与基尼系数方法对非洲的能源分配问题进行了研究。Lawrence 等（2013）利用美国能源署（Energy Information Administration，EIA）数据库中1980—2010年的数据测算了全球的能源不平等情况，结果表明全球化对人均能源消费不平等现象的缓解起了很大作用。

第三节 家庭用能选择影响因素

一 理论研究

国外对家庭用能选择等问题的研究起步较早，并积累了大量的研究成果。国内学者多集中于对居民能源需求收入弹性的探讨，而对居民用能选择的研究则较为缺乏。目前关于家庭用能选择行为最为常见的两种理论分别为能源阶梯（Energy Ladder）理论和能源堆叠（Energy Stack）理论。除此之外，还有部分学者根据消费者效用论和生产论构建了家庭能源选择的理论模型。下面将分别对能源阶梯理论、能源堆叠理论和其他理论的研究现状进行梳理。

能源阶梯理论最早由 Hosier 和 Dowd（1987）提出。该理论认为随着社会经济地位的不断提高，居民对于能源的选择会出现相应的变化，并将其划分为三个阶段。第一阶段为初始能源阶段，该阶段的特征是居民用能以薪柴、秸秆、动物粪便等传统生物质能为主；第二阶段为转型能源阶段，该阶段居民用能放弃使用传统生物质能，开始转向煤炭、柴油和木炭等化石燃料和商品能源；第三阶段为优质能源阶段，居民用能以电力、沼气、液化石油气和天然气等能源为主，这类能源的能源效率和成本都高于先前阶段，具体见图2-2。能源阶梯十分强调家庭收入的增长对家庭能源选择的影响，该理论十分依赖于理性抉择的微观经济学理论，它假定所有能源都是可获得的，并且居民对各类能源具有不同偏好。作为对典型消费者理论中收入效应的引申，它解释了随着收入的增长，消费者如何使用优质能源来代替初始能源。但由于该理论认为能源品种的质量具有优劣之分，并将其看作有序的，能源更替是个线性变化过程，因此暗含的一个假设是家庭在使用优质能源之后会彻底放弃、淘汰初始阶段的劣质能源。

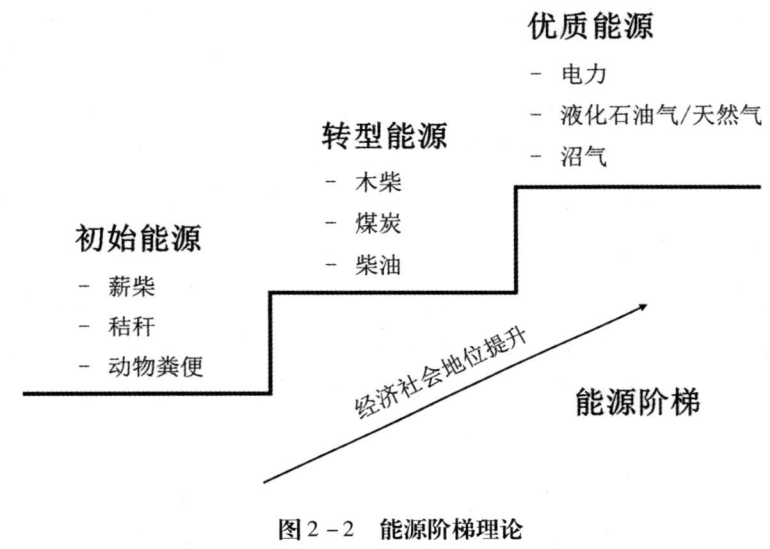

图 2-2 能源阶梯理论

虽然能源阶梯理论一直在家庭能源选择的研究领域中占有十分重要的地位，但之后大量研究提出尽管家庭在收入增长后选择优质能源，但此时并不会彻底放弃使用初始能源，而是会存在多种能源的组合选择。此时，能源堆叠理论应运而生，该理论认为居民用能选择并非一个简单的独立过程，用能阶段的跳跃并不会出现优质能源对初始能源的完全替代，由于能源价格等多种因素的影响，居民可能会同时选择使用多种能源。该理论的提出启发了政策制定者能源替代政策的实施并不一定会产生预想的效果。Masera 等（2000）最早提出能源堆叠假说，文章利用墨西哥的案例评估了能源阶梯模型，发现能源阶梯模型并不成立，取而代之的是能源堆叠模型，即多种燃料共存的情况更能准确描述农村地区炊事的燃料选择问题。

Sovacool（2011）也提出了较为类似的能源服务阶梯概念，文中提到不同收入人群对能源用途服务的需求具有差异，同样在能源选择上也会存在不同，高收入人群会同时使用各类能源，而低收入人群则多局限于使用传统生物质能等，选择较为有限。虽然这个概念提到的是阶梯，但是更接近于能源堆叠理论的思想。对于能源堆叠现象产生的原因，部分文献也给出了解释。例如，优质能源的短缺无法保障家庭对优质能源的需求（Hosier，Kipondya，1993）；优质能源设备购置费用过高（Davis，1998）；优质能源价格波动较大（Leach，1992）；等等。因此，能源替代过程的复杂性表明，收入并不是影响能源选择的唯一因素，许多其他因素也会影响家庭对能源的选择。

在能源阶梯理论和能源堆叠理论的基础上，经济学方向的学者则分别基于效用论或者将生产论与效用论相结合构建了家庭能源决策模型。Dubin 和 McFadden（1984）利用效用最大化理论构建了一个基于电器数量与电力消费数量的联立方程来解决估计的内生性问题。Ekholm 等（2010）通过引入小额信贷和贴现率，提出了一个通用的信息接入框架（MESSAGE—Access framework）的建模方法，在该模型下，对家庭的效用最大化问题的约束是在不同能源间的便捷性和实际成本负担间进行权衡抉择。在该模型下，家庭只能选择一种能源品种。之后，Cameron 等（2016）对该方法进行了改进，将能源堆叠理论中提出的多种能源组合引入模型之中。然而，该模型无法估计非商品能源的价格弹性。为解决该问题，Poblete‐Cazenave 和 Pachauri（2018）构建了一个基于柯布道格拉斯效用形式的烹饪用能选择模型。Manning 和 Taylor（2014）将家庭劳动力因素考虑在内，构建了移民影响薪柴选择的理论模型。Heltberg 等（2000）、Gupta 和 Köhlin（2006）、Baland 等（2010）则分别针对城市和农村构建了能源选择的效用模型。另外，还有一些学者构建了关于气候变化影响家庭能源选择的理论模型。

二 实证研究

从国外研究来看，国外对家庭用能行为的研究起步较早，众多学者对发展中国家的居民用能选择问题进行了研究，这些文献的研究对象主要集中在印度、泰国等南亚和东南亚国家以及加纳、埃塞俄比亚、尼日利亚等非洲国家和地区。例如，Gupta 和 Köhlin（2006）对印度地区 500 户家庭的炊事用能选择进行研究，在估计出各类能源弹性基础上，对能源优劣进行了排序。Pachauri 和 Jiang（2008）对中国和印度家庭能源转型进行了对比。

从国内研究来看，多数研究都利用宏观省级层面的农村生活部门能源消费数据进行分析。例如，李光全等（2010）采用因子分析、聚类分析和回归分析三种方法对中国 29 个省市的农村生活能源消费空间格局变化及影响因素进行分析，结果表明能源消费强度、能源消费增长速度、能源消费结构是影响中国农村家庭能源消费空间格局变化的最主要因素。赵晓丽、李娜（2011）采取对数平均迪氏指数因素分解法分析了 1993—2007 年中国家庭能源消费变化的影响因素，其中对结构效应的分解细化到了各类设备和各类能源的消费量，研究发现消费力增强与能源消费产品结构和消费方式变化促进了家庭能源消费量的增长，而能源价格因素则带来了家庭能源消费的下降。李科（2013）利用 1995—2010 年的省级数据分析了城乡居民生活能源消费碳排放的影响因素，通过单位根协整检验发现了生活能源消费碳排放与人均收入、人口规模和能源结构存在长期均衡关系，并构建面板数据固定效应模型对各因素影响程度进行了定量分析。刘满芝等（2017）同样基于对数平均迪氏分析法对全国层面和省级的城镇居民能源消费的影响因素进行了分析，结果显示收入、人口规模和能源强度会促进能源消费增长，能源消费结构和居民消费倾向累积效应对各省份的影响各不相同。基于微观数据的研究还较为缺乏，如 Wang 等（2017）、Cai 和 Jiang（2008）等研究都以局部地区为研究对象，识别居民能源消费的影响因素。基于对现有文献的总结归纳，接下来从经济因素、家庭特征和其他因素三个方面对微观层面的用能选择问题进行梳理归纳。

（一）经济因素

根据已有文献梳理，经济层面对家庭能源消费行为产生影响的因素主要为家庭收入、能源价格和城镇化。以下将从这三个方面对以往文献进行述评。

1. 家庭收入

在国外研究中，众多文献验证了在家庭用能选择行为中存在能源阶梯现象。例如，Lewis 和 Pattanayak（2012）对 32 篇文献进行系统分析，发现收入与炉灶改进之间存在很强的正相关关系。但 Van der Kroon 等（2013）通过对发展中国家有关能源阶梯的实证研究进行 Meta 分析，提出能源阶梯是否存在并不确定，多种能源组合并存能更为准确地刻画能源转型过程。从研究方法来看，二值选择模型和多值选择模型在用能选择的研究中较为常见。对于特定能源品种的研究，主要使用 Probit 和 Logit 等概率模型。而对于能源转换策略的研究，则更多地采用多值选择模型。例如，Mensah 和 Adu（2015）将薪柴、木炭、液化石油气和其他固体能源设置为分类变量，利用多项 Probit 模型进行估计；Alem 等（2016）采用随机多项 Logit 模型研究了埃塞俄比亚城市居民能源选择的影响因素。与此同时，部分学者开始采用定序选择模型研究居民用能选择（Filippini，et al.，2007）。Poblete - Cazenave 和 Pachauri（2018）则是少有的通过构建结构模型来对该问题进行求解的研究。值得注意的是，从实证估计方法来看，以往对能源阶梯问题的研究多集中于能源管理和能源工程学科，这些领域的研究往往只是对收入水平与能源转型两者间相关性的分析。

中国关于家庭能源消费的研究起步较晚，最初以社会调查分析和描述性统计为主，早期调查主要针对农村居民用能情况和能源消费结构来开展。王效华和宋韬（1993）最早对江苏常熟市的 540 个农村家庭进行问卷调查，调查显示，人均能耗与人均收入、人均粮食收获量呈现正相关，而与家庭人口数呈负相关。之后，王效华和冯祯民（2001）利用 1980—1996 年中国农村家庭能源消费水平及消费结构数据，发现中国农村家庭能源消费水平与结构和家庭收入有着密切关系。Tonooka 等（2006）利用 2003 年西安周边农村的调查数据发现，收入水平和能源消费不相关，但收入水平与液化石油气使用的优先度有正向相关关系。Zhang 和 Kotani（2012）并未对能源阶梯理论进行验证，但其利用 2009 年北京郊区的调查数据，发现人均收入是人均煤炭能源消费的主要决定因素。Yao 等（2012）利用 2001—2008 年国家统计局和农业农村部的能源消费数据，发现收入水平是农村居民转向商业能源消费的主要驱动力，且农村居民的能源消费结构显著表现出从非商业能源向商业能源的转变。Niu 等（2012）根据 2009—2010 年黄土高原的家庭调查数据，研究发现能源消费的阶梯特征显著，收入水平对能源使用有重要影响，高收入的城市家庭使用高质量的能源。杨亮、丁金宏（2013）采用信息熵等理论，发现上海城镇家庭能源消费系统经历了由无序向有序演进的过程，主要表现为以煤炭为主逐渐转换成油、气、电力三足鼎立的能源消费结构。徐瑶（2014）研究表明商品能源的消费随收入的增加而增加，而非商品能源的消费随收入的增加而减少；电力以及煤炭的家庭人均消费支出较多。仇焕广等（2015）利用涵盖吉林、陕西、山东、浙江四个省份的两期调研数据对这些地区的农村生活能源消费量和消费结构进行了分析，并利用联立模型进行估计发现家庭收入和劳动力成本会显著影响农村的生活能源消费。Qiu 等（2018）发现农村居民的工资增长会推进中国农村能源转型。魏楚和韩晓（2018）采用 Meta 分析方法提取了 35 篇文献中的 73 组效应值进行定量分析。结果显示，中国农村家庭能源消费结构已经发生根本性转变，家庭收入是驱动能源消费转型的主要因素。Ma 等（2019）利用甘肃、河南和山东三省的农村数据研究了非农收入对农村能源转型的影响，该篇文章是目前在对家庭能源消费研究中少有的考察了模型内生性的研究。Zou 和 Luo（2019）利用 2015 年 CGSS 数据对全国农村能源消费影响因素进行了研究，但并未考虑模型存在的内生性。

在国内研究中，有以下三篇利用全国范围的家庭能源调查数据对能源阶梯问题进行了专门研究。Hou 等（2016）利用 2008 年和 2011 年中国健康与养老追踪调查（CHARLS）数据对城乡居民炊事用能结构进行了分析，并利用回归模型对影响居民用能的因素进行了初步分析。Zhang 和 Hassen（2017）利用中国健康和营养调查（CHNS）数据，采用考虑相关随机效应的广义定序 Probit 模型对中国城市的炊事用能选择进行了研究，发现能源价格和一系列家庭特征都会对家庭用能选择产生影响，若政府采取政策帮助家庭增加收入，则有助于减少煤炭等能源相对于 LNG 等能源的价格优势。Ma 和 Liao（2018）利用中国人口普查数据和 Tobit 模型对中国农村居民炊事用途中不同能源品种的收入弹性进行了估计，并解释变量为各类能源占比，发现清洁能源的收入效应为正，而固体燃料收入效应为负。

但对于能源阶梯存在性的验证，学者们并未得出一致的结论。Nansaior 等（2011）通过对泰国居民的能源消费模式进行分析，认为生物质能将长期存在，因此用能选择的变化仅仅是更多样化，而非绝对的能源阶梯。Alem 等（2016）也得出类似的结论，作者认为尽管收入会促进能源的转型，但这种转型并不是遵循线性的能源阶梯，而是能源堆叠。

2. 能源价格

对于能源价格的研究主要体现在对能源需求价格弹性的研究，包括能源自身价格弹性和其他能源价格的交叉弹性。就现有研究来看，使用时间序列数据的研究弹性估计值往往高于采用横截面数据的研究。这是因为时间序列数据不能有效控制由收入增长等带来的居民行为的变化，这易造成对收入弹性的高估。而对于价格弹性来说，居民难以在短期内就能源价格的变化迅速做出反应。

在国外研究中，利用微观数据对居民能源消费行为进行的研究较为普遍，还有多数学者采用 Meta 方法对弹性问题进行分析。但由于研究对象及时间范围的差异，能源价格对居民能源消费影响的研究结果尚存在分歧。Nesbakken（1999）、Lopes 等（2005）分别运用计量模型和问卷调查的方法对能源价格与居民生活能源消费量进行研究，发现能源消费在很大程度上会受能源价格的影响。Anker –

Nilssen（2003）则发现能源价格对能源消费的影响十分有限。Filippini 和 Pachauri（2004）利用印度家庭层面数据发现在不同季节中电力需求对于电力价格与收入均是无弹性的。但是 Bernard 等（2011）发现长期内电力价格的提高会降低电力能源需求。

从天然气需求和价格的研究来看，很少一部分文献研究亚洲地区。根据研究采用的数据类型，可划分为横截面数据研究、时间序列数据研究和面板数据研究。横截面数据研究如 Yoo 等（2009）采用 2005 年的调查数据估计首尔的居民天然气需求。时间序列数据研究如 Berndt 和 Watkins（1977）、Bernstein 和 Madlener（2015）等的研究。Berndt 和 Watkins（1977）采用 1959—1974 年的时间序列数据估计了加拿大的天然气需求弹性。Bernstein 和 Madlener（2015）研究了 OECD 国家长期和短期内的天然气需求弹性。基于面板数据的天然气需求弹性研究较丰富。Garcia - Cerrutti 等（2000）研究了 1983—1997 年加利福尼亚州各个镇的天然气需求弹性。从实证研究的结果来看，研究发现无论是长期或是短期，天然气需求的价格弹性都是负的，并且短期的价格弹性较小（绝对值）。短期价格弹性为 -0.7— -0.04，长期价格弹性为 -3.4— -0.1。

在国内研究中，宏观层面的时间序列数据和面板数据研究较为常见，以微观数据为基础的研究近年来开始增加。Qi 等（2008）基于中国 2005—2007 年的省级面板数据估计了居民电力需求的价格弹性和收入弹性，分别为 -0.15 和 1.06。其研究结果意味着中国居民的电力消费对电力价格是没有弹性的。曹静和谢阳（2011）应用 1999—2007 年省份面板数据估计了中国人均柴油需求弹性。结果表明中国人均柴油需求的短期价格弹性为 -0.33，长期价格弹性为 -0.86。但是，Shi 等（2012）基于中国城镇家庭数据的研究表明，中国居民的电力需求是富有弹性的，其需求价格弹性为 -2.477，中国居民电力需求的高价格弹性主要来自中国人节俭的美德和节约用能的习惯，该弹性估计高于其他对发展中国家和发达国家的电力弹性研究结果。Zhou 和 Teng（2013）利用 2007—2009 年四川省城镇家庭调查数据估计了居民用电价格与收入弹性。考虑生活方式等因素，认为价格弹性为 -0.35——-0.5，而收入弹性为 0.14—0.33，同样认为电力需求缺乏弹性。但是，在他们的模型中可能存在衡量误差和内生性问题。Yu 等（2014）对 2006—2009 年中国城市数据进行分析，发现天然气需求的价格弹性为 -1.431，而其收入弹性为 0.207。之后，梁慧芳和曹静（2015）、曹静和胡文皓（2018）利用家庭微观调查数据分别研究了中国城镇居民家庭用电需求的价格弹性和汽油需求的价格弹性。

3. 城镇化

随着农村居民向城市地区迁移，越来越多的学者开始关注城镇化对家庭能源需求的影响。城镇化对家庭能源需求的影响是多重的。一般而言，随着农村居民迁移到城镇，农村居民生活条件改善，这可能会引致更多的能源服务需求；家庭用能设备会出现一定程度的置换现象，这种置换带来的影响不仅包括设备数量的增加（例如，电器数量的增加带来用电量的上升等），也可能包括用能设备效率的提升，这就带来了用能需求的不确定性；同时农村居民在进入城市过程中也衍生出了更多的公用基础设施需求，如城市交通网络、电网和建筑。这些活动的增加也会导致家庭用能能源消费和二氧化碳排放量增加。但是，城镇化率的提高往往提高了城市密集度，根据密集城市理论，这有助于提高能源的使用效率。例如，城市地区的集中供热促使能量转换的质量集中，减少储存和运输过程中的能量损失。显然，城镇化对家庭能源消费的影响并不确定，城镇化对家庭能源消费的影响是复杂的，因此有必要进行深入研究。

目前关于城镇化与能源消费的研究更多的是从宏观层面考察城镇化对一国能源需求的影响，有部分学者对城镇化与家庭能源需求进行了研究，但对于城镇化的影响并未得出一致的结论。Pachauri 和 Jiang（2008）通过对比中国和印度的农村能源转型情况，发现城镇化是推进能源转型的重要驱动力。Gates 和 Yin 等（2018）通过分析家电能源消费的城乡结构，说明了城镇化会导致居民生活电力需求的增加。黄飞雪和靳玲（2011）研究指出城市化会推动居民生活用能数量和质量的提升。Zhao 等（2012）采用对数平均迪氏分析法对中国城市居民的能源消费进行了分解，发现城镇化、收入上升等都会显著增加居民能源消费量。Cai 和 Jiang（2008）利用陕西调查数据研究了农村居民在向城镇居民转化过程中的能源消费模式变化。Fan 等（2017）利用迪氏分解的方法考察了城镇化对 1996—2012 年中国总能源消费和分能源类型的能源消费量的影响，结果发现城镇化会促进一国居民能源消费量的提高，并有助于优化一国的居民用能结构。Miao（2017）利用 STIRPAT 模型对城市层面的数据进行研究，发现城市人口规模是影响城市家庭能源消费量最重要的因素，尽管众多研究均认为城镇化会拉升家庭能源需求，但也有学者提出相反的观点。Wang（2014）认为由于规模经济和城镇化带来了技术提升，城镇化会减少人均家庭能源需求，但会增加总的家庭能源需求。Shen 等（2018）则从用能结构的角度考察了农民工进城对环境污染的影响。Xie 等（2020）是目前国内少有的利用微观调查数据对城镇化进行分析的研究，该文从广延边际和集约边际两个层面考察了城镇化对家庭能源消费的影响，结果发现城镇化通过减少家庭规模和增加家庭收入会间接增加能源消耗，同时城镇化也有助于家庭用能从煤炭向电力和天然气升级。

（二）家庭特征

家庭特征主要包括家庭规模、年龄结构、人均受教育程度、住房地理位置和住房特征等。家庭特征对家庭能源消费的影响在上述经济因素对能源需求的影响研究中都有所提及（Rahut, et al., 2016）。Le 等（2006）研究发现，家庭特征、城市地理位置、房屋个体特征、空调和热水器使用、对室内温度的主观测度都是夏季能源消费的影响因子。通过 2000 年对江西三个村进行入户调查，作者重点考察研究了家庭离树林的距离、是否拥有改良的炉灶、耕地面积、家庭受教育成员数目等因素对中国农村能源消费的影响。从 Lenzen 等（2006）、王钦池（2015）等的文献中均发现，家庭规模越大,人均能源消费越低。Chen 等(2011)分季节对中国城市居民建筑能源消费的特征进行了研究。秦翊和侯莉(2013)研究发现,受教育年限与居民总能耗成正比。Liu 等(2013)探究了中国北方农村的能源消费特征,发现随着家庭规模的扩大,电力消费也会增加,并且二氧化碳排放与收入和教育水平呈正相关。Rahut 等(2014)利用多项 Logit 模型研究发现收入是影响用能选择的最重要因素,但受教育水平高和女性户主特征都会优化家庭用能结构。

(三)其他因素

多数研究均认为社会因素(如能源便捷性等)、行为文化因素(民族等)、外部因素(能源清洁性、能源可获得性和政府政策等)都是影响家庭能源消费模式的重要因素。

第四节　外部干预对家庭能源消费的影响

外部干预通常可以分为两类,第一类是学者或机构利用田野实验干预对家庭能源行为的影响,第二类是政府能源政策(如能源补贴等)对家庭能源行为的影响。

一　实验干预

国外学者利用实验的方式考察居民用能行为起步较早,主要聚焦于对居民节能行为的影响。根据 Abrahamse 等(2005)的分类,实验干预可分为事前干预与事后干预两类。事前干预主要方式包括承诺、设定目标和信息干预等;事后干预包括信息反馈与奖励两类。Abrahamse 等(2005)通过对 38 篇文献进行研究,发现大多数研究更多地关注家庭自愿行为的改变,即通过改变个人知识或观念来推进节能行为,其中奖励方式的节能效果最为显著,但效果持续时间有限,具体见表 2-2。Delmas 等(2013)对 1975—2012 年 156 篇与实验干预相关的文章进行 Meta 分析,结果发现实验干预组的家庭

表 2-2 国外关于外部干预对节能行为的研究

作者	干预方式	实验设计	样本量	实验结果
Becker(1978)	信息反馈目标设定	①信息反馈和20%目标设定;②信息反馈和2%目标设定;③20%目标设定;④2%目标设定;⑤控制组	100	①15.1%;②5.7%;③4.5%;④-0.6%
Bittle 等(1979)	反馈	①每天反馈;②控制组	30	反馈组电力消费-4%
Brandon 和 Lewis(1999)	反馈	①可比较反馈;②个人反馈;③成本反馈;④环境反馈;⑤传单反馈;⑥电脑反馈;⑦控制组	120	①4.6%;②-1.5%;③4.8%;④-4.5%;⑤0.4%;⑥4.3%;⑦-7.9%
Geller(1981)	信息	①信息;②控制组	117	长期中未对用能行为产生影响
Hayes 和 Cone(1981)	反馈	①月度反馈;②控制组	40	反馈组:4.7%;控制组:-2.3%
Hutton 和 Mcneill(1981)	信息	①信息和洗碗装置;②控制组	1811	实验组节能更多
Katzev 和 Johnson(1984)	反馈	①日度反馈;②每三天反馈;③非偶然反馈;④控制组	44	没有明显区别
Midden 等(1983)	反馈信息奖励	①个人反馈和信息;②可比较反馈和信息;③可比较反馈、信息和奖励;④信息;⑤控制组	91	①电力:18.8%;②电力:18.4%;③电力:19.4%;④电力:7.6%;⑤电力:5.6%
Pallak 和 Cummings(1976)	承诺	①公众承诺;②私下承诺;③控制组	65/42	私下承诺和控制组用能量增加高于公众承诺组
Staats 等(2004)	信息/反馈	①信息,个人反馈和可比较反馈;②控制组	150	燃气:20.5%;电力:4.6%

资料来源:Abrahamse, Wokje, Linda Steg, Charles Vlek, Talib Rothengatter, 2005,"A Review of Intervention Studies Aimed at Household Energy Conservation", *Journal of Environmental Psychology*, Vol. 25, No. 3, pp. 273-291。

电力消费平均降低了 7.4%，并且提供个性化建议的反馈会比提供简单的历史信息数据反馈对家庭节能行为的影响更加显著。Fischer（2008）比较了不同的信息反馈方式，发现最成功的信息反馈方式应该包括如下特征：信息反馈频率高、实验持续时间长、反馈的信息颗粒度高并且可视化较高，最好是通过计算机和交互式等设备使用户能一目了然地了解用能信息。可见，信息反馈的方式以及反馈内容、强度和持续时间等因素都会影响家庭的用能行为。

　　这类用能行为的实验干预在发达国家较为常见，发展中国家有少量关于该主题的相关研究。例如，在发达国家，Allcott（2011）基于 Opower 项目随机给美国 60 万户家庭发送家庭用能报告，该报告会给各个家庭的节能行为进行评级，作者利用断点回归方法考察了社会规范对节能行为的影响，结果发现实验干预方式使能源消费平均下降了 2%，相当于短期电价上涨 11%—20% 带来的影响，但其节能量在不同消费组间存在一定差异。之后，Allcott 和 Rogers（2014）再次考察了 Opower 项目对家庭节能行为干预的影响，并将样本量扩大至 600 万户，结果发现家庭会对这一包含社会比较的家庭用能报告做出迅速反应，且这一干预会有持续性的影响。但近年来发达国家逐渐开始考察实时信息反馈对家庭用能行为的影响，这主要得益于信息技术的发展，但学者们并未对该问题的答案达成共识。例如，Darby（2010）发现智能电表并未改变用户在能源使用行为上的参与度，几乎没有证据能够说明智能电表提供的实时反馈能够帮助用户减少能源需求。Carroll 等（2014）考察了智能电表的实时信息反馈对爱尔兰家庭电力需求的影响，发现实时信息反馈能显著减少电力需求。Nilsson 等（2018）利用家庭能源管理系统，对瑞典 154 个家庭间的行为进行了分析，结果发现实时信息反馈对节能行为的影响在不同的家庭中具有异质性。Geelen 等（2019）分析了使用手机应用程序获取实时用能信息反馈的荷兰家庭在用能行为上的变化，结果发现用户在学习使用手机应用程序获取用能信息的初期，该应用程序的作用更多地体现在数据监测而非节能激励。对于发展中国家的实验干预，Hanna 和 Oliva（2015）通过津贴实验的方式考察了印度农村居民福利增加对用能选择的影响。

国内关于这方面的研究近几年开始不断增加，利用微观调查数据对居民节能行为和政策反馈进行评估成为当前该领域的研究重点（郭琪、樊丽明，2007）。

在对济南市家庭居民的调查中发现，法律、宣传政策和财政政策等在国外研究中较为有效的政策工具，对中国居民的能源消费行为影响并不大。Ouyang 和 Hokao（2009）以中国杭州居民为研究对象发现对居民进行节电教育可以有效改善其用电行为。Yue 等（2013）研究了江苏省家庭采取节能行为的意愿，发现大部分家庭均采用直接减少能源使用量的节能行为而非采用高能效产品或提高节能意识。Liu 等（2015）发现建筑的节能改造项目对居民的节能行为没有影响。Zhou 等（2016）基于大数据对个人能源消费行为进行分析，探讨居民能源效率和节能行为。Khanna 等（2016）利用 CRECS 2012 数据研究了中国居民需求侧管理对居民能源消费的影响，结果发现阶梯电价、能源标识和信息反馈机制有助于家庭降低用电需求，但政策工具的有效性和效率还有待提高。Ding 等（2017）发现与农村居民相比，城市居民更有可能参加节能活动。Du 等（2017）分析了需求侧管理的五种手段对居民节能行为的影响，发现信息反馈的作用最为明显。Jia 等（2018）则考察了公众对六种节能措施的态度和接受意愿。

二 政策干预

关于政策干预的研究主要包括能源补贴、能源价格机制设计和能源替代政策等对家庭能源消费的影响。

（一）经济性政策干预

关于能源补贴的研究，学界更多关注的是能源补贴的公平性，即对不同收入人群的家庭用能行为影响。这类研究多针对印度、印度尼西亚等地区，中国对此类的研究较为有限。对于印度地区的研究，Gangopadhyay 等（2005）探讨了减少能源补贴对穷人福利的影响，结果发现煤油补贴以及液化石油气补贴在提升穷人福利方面是无效的。Rao（2012）发现印度对农村地区的煤油补贴具有累退性，而对城市煤油补贴具有累进性，提出仅针对城市地区的煤油补贴将比普遍补贴更有效率。Acharya 和 Sadath（2017）分析了印度能源补贴改革的福利影响，结果表明所有化石燃料需求的价格弹性较低，但各自的收入弹性较高，补贴改革导致总体价格水平的上升将导致实际收入的减少，能源消费将根据补贴的退出程度而出现下降现象。

部分学者还对其他发展中国家的补贴问题进行了研究。Pachauri 和 Jiang（2008）提出清洁能源补贴是支持印度农村社区燃料替代的最有效措施。但需要注意的是，现代能源的较高成本可能会阻碍能源升级。例如，在蒙古，即使以电力谷价收费，电费成本仍然是使用煤炭的两倍（World Bank，2013）。Budya 和 Yasir Arofat（2011）评估了印度尼西亚所实施的大规模能源替代项目的效果，发现在取消煤油补贴之后，液化石油气成功替代了家庭煤油的使用。Arze del Granado 等（2012）研究了发展中国家燃料补贴改革对家庭福利的影响，作者认为补贴改革的负担是巨大的，补贴每减少 0.25 美元将导致所有群体的收入减少 5%，燃油补贴并未真正惠及穷人，最高的 20% 收入人群获得的补贴比最穷的 20% 人群多六倍。Dartanto（2013）分析印度尼西亚逐步取消燃料补贴对贫困的影响，研究发现取消 25% 的燃料补贴会使贫困发生率增加 0.259%。如果这笔资金全部用于政府支出，贫困发生率将下降 0.27%。Elshennawy（2014）发现埃及所有家庭在取消补贴后都会遭受福利损失，但与穷人相比，负担主要落在富人身上。

从国内研究来看，针对能源补贴对用能行为影响的研究大多将能源补贴作为控制变量进行研究，并未深入探讨能源补贴影响用能行为的机制渠道。少部分学者探讨了能源补贴的再分配效应。林伯强等（2009）计算了电力交叉补贴，并估计了不同收入人群实际获得的交叉补贴数额以及福利损失。Chen 等（2013）则研究了能源补贴改革对不同收入组居民的福利的影响。Jiang 等（2015）发现能源补贴改革对家庭的间接影响大于直接影响。国内关于政策干预对用能行为影响的研究更多地集中于电价机制设计对家庭用电的影响。梁慧芳和曹静（2015）根据中国城镇居民家庭的用电特性和价格弹性，提出新的阶梯电价方案。该方案既可提高低收入城镇居民家庭的福利，又可减少高收入城镇居民家庭的超额用电需求问题，并降低城镇居民家庭的人均生活用电量。伍亚和张立（2015）利用 ARIMA 模型（Autoregressive Integrated Moving Average model）发现阶梯电价政策的实施对改善居民节能意愿有积极影响，并在短期内有明显的节能效果，但随着时间推移节能效果有所减弱。

除了能源补贴外，也有学者考察了税收抵免政策与家庭用能行为的关系。Long（1993）发现所得税抵免会刺激家庭用于节能和可再生能源的支出。Sardianou 和 Genoudi（2013）同样发现税收减免是促进家庭更多地采用可再生能源的最有效的财政措施，而非能源补贴。Boomhower 和 Davis（2014）发现节能计划的参与度会随着补贴金额的增加而提高，但是即使没有任何补贴，大约一半的参与者也仍会采用节能技术。

（二）能源替代政策干预

能源替代政策的两种常见形式是禁止劣质能源使用的政策和炉具设备改造替换的政策。

对于禁止劣质能源使用的政策研究，主要围绕政策的外部影响，主要包括政策实施对环境的影响和对居民健康的影响等。Clancy 等（2002）通过对爱尔兰都柏林的煤炭禁令效果进行分析，发现实施煤炭禁令可以减少由呼吸道疾病和心血管疾病导致的死亡并能够显著减少污染物的排放。Kerimray 等（2017）发现禁止使用传统固体燃料的政策可有效减轻地区空气污染。

大量研究试图分析炉具改造替换项目的实施效果，目前众多学者已经验证了改进炉灶替换方案在减轻空气污染和应对气候变化以及改善居民身体健康方面起了重要作用。Adkins 等（2010）将改造炉灶的能源与传统的石器炉灶进行了比较，提出了使用改进的炉灶技术可以大大提高居民的整体福利。对于发展中国家而言，政府或者机构推行炉具改造替换项目的现象更加普遍。尽管炉灶替换项目能够从多方面提升社会整体福利，但使用率低仍然是该项目中的重要障碍（Ruiz‐Mercado，et al.，2011）。El Tayeb Muneer 和 Mukhtar Mohamed（2003）、Jan（2012）使用回归分析分别研究了苏丹和巴基斯坦的使用率以及影响优质灶具使用率的因素。Agurto Adrianzén（2011）发现，即使为69%的家庭提供免费的改良灶具，秘鲁的使用率也仅为45%。通过使用 DID 方法，Jagger 等（2019）研究了优质灶具的使用与卢旺达家庭能源费用、居民健康状况和烹饪时间之间的关系。Murphy（2001）研究了东非传统电网发展问题、可再生电力发展以及优质灶具替换对能源转型的影响，结果表明能源转型是一个增量过程，而不是一个跨越式过程。

发达国家的关注重点多放在供暖和照明用途的能源转型。Frondel 和 Lohmann（2011）探讨了节能灯泡相对于传统灯泡采用率更低的原因。Scott 和 Scarrott（2011）研究了新西兰清洁供暖技术项目的效果，得出结论发现 PM 排放量以及 PM 浓度都有显著下降。但是，这类项目虽然都是以能源替代的形式推行的，但更多的目的在于提升能源效率而非实现能源转型。Michelsen 和 Madlener（2016）研究了在可再生能源取暖替代化石燃料取暖过程中的障碍，发现居民抛弃传统习惯的意愿和对新取暖方式的态度、看法是决定项目成功与否的两个重要因素。而西班牙的锅炉改造项目效果发现生物质能消费并没有发生显著下降，也并未带来 PM2.5 排放量的明显下降（North South Ministerial Council，2016）。

（三）中国散煤治理政策干预

国际上鲜有关于居民散煤使用的研究，而由于中国居民部门的散煤需求十分旺盛，因而对中国而言，对这一领域的研究不容忽视。随着中国近些年来散煤替代政策的落实与推广，该问题开始引起社会各方的关注。

三份研究机构报告针对不同的研究重点对该散煤替代政策做了大量而全面的工作。第一份报告来自自然资源保护协会，它不仅对居民部门的散煤治理进行了研究，而且还对工业部门散煤消费问题进行了分析。总的来说，该报告的分析偏向于宏观层面的研究。[①] 第二份报告来自中国人民大学京津冀散煤燃烧治理课题组，其通过对政策的梳理和家庭问卷调查，重点关注了京津冀地区的散煤治理政策的实施进展与面临的挑战。该报告更多的是描述性分析，缺乏深入的定量分析。[②] 第三份报告来自谢伦裕等（2020），该报告基于大规模的微观调查数据，对中国家庭的取暖散煤治理进行了综合的评估。

除了这三类机构的报告外，许多学者也对中国的散煤治理政策进行了研究。国内相关文献大部分从工程技术角度来论述散煤造成的污染情况，部分文献研究采用调研或者遥感数据了解某地区的散煤使用情况。支国瑞等（2015）通过调研对农村生活燃煤情况进行分析，发现保定市农村散煤使用量年均超过 500 万吨，由此推算中国北方地区散煤用量可达数亿吨。因此，该研究建议将农村地区的能源使用量（尤其是散煤用量）纳入环境统计，以便更准确地反映中国能源消费和污染物排放格局。为了研究减排效果，Zhao 等（2019）研究了清洁能源替代政策对取暖的减排贡献，并发现了该政策显著减少了排放量。Liu 等（2019）采用 GAINS 模型探讨了京津冀地区居民部门煤炭替代措施的效果，发现该措施使得 PM2.5 和二氧化硫（SO_2）排放分别降低了 28% 和 11%。Tian 等（2018）同样比较了中国京津冀地区不同居民部门煤炉燃烧的排放情况，发现优质煤炭替代是减少排放的重要措施。成本收益分析（Cost and Benefit Analysis，CBA）也是该领域最为常见的研究方法之一。甚至在该政

[①] 具体见自然资源保护协会的《中国散煤综合治理调研报告 2017》和《中国散煤综合治理调研报告 2018》。

[②] 具体见中国人民大学京津冀散煤燃烧治理课题组《京津冀散煤燃烧治理研究报告（2017）》。

策实施之前，Mao 等（2005）就对居民部门烹饪用途和取暖用途中"煤改气"政策的环境、经济和技术合理性以及可行性进行了评估。研究结果说明了"煤改气"政策的可行性，但同时强调要加强对使用天然气替代的激励政策的研究。对于成本收益分析的研究，文献多集中于对经济、健康和环境影响的量化，尤其是政策在减少温室气体排放和空气污染物排放方面的作用。例如，Zhang 等（2019）构建了一个综合评估模型，估算了京津冀地区使用清洁能源供暖的健康影响和经济成本。基于生命周期评估，Zhang 和 Yang（2019）研究了电网公司用于居民供暖的煤电项目的经济效益。Du 等（2019）则利用合作博弈理论研究了如何通过在京津冀地区选择成本最低的策略来最大化环境效益。更多关于散煤治理政策的研究可见杜晓林等（2018）、Chen 和 Chen（2019）。

  国内还有一些文献采用定性分析对散煤治理政策做出了评价并给出了政策建议，例如，他们提出居民对初期投资和运行费用的敏感性使得散煤治理政策的推行需要加强政府的扶持和福利补贴，短期内市政工程难以全面铺开，长期财政补贴又难以维持，这些都使得散煤治理政策在短期内难以及时发挥效果，在长期财政补贴中又难以维系，且成本和收益不匹配。这些研究虽然对政策所需的基础设施建设和资金来源提出担忧，但这些研究并未准确量化散煤治理政策的实际效果并进行系统性分析。

  谢伦裕等（2019a）和 Barrington – Leigh 等（2019）是目前少有的利用微观层面数据对散煤治理政策实施效果进行综合分析的研究。Barrington – Leigh 等（2019）评估了北京市补贴取暖设备购置和禁止煤炭燃烧政策对家庭用能、家庭健康和环境污染的影响。谢伦裕等（2019a）则是量化与对比分析了散煤治理政策的三种不同形式的成本和收益，并在研究中纳入了居民对政策效果的主观感受。

  从以上研究可以发现，目前关于居民能源转型升级的研究非常丰富。然而，由于受限于家户数据的可得性，从微观层面对中国散煤替代政策的实施效果进行定量评估的研究较为缺乏。

第五节　对现有文献的评述

从上述研究中可以发现，国外对家庭用能行为的研究起步较早，并且积累了大量有价值的研究成果。同时可以发现目前关于中国家庭能源消费的研究有四个方面亟待改进。

一是对于中国而言，国家官方统计机构并未针对居民用能进行单独的统计，并且能源统计年鉴中对于生活能源消费的统计也未包括生物质能。而现实中，薪柴、秸秆等生物质能在居民生活用能中占到极高的比重。因此，从目前国内研究来看，受限于全国能源微观数据的缺乏，国内关于家庭用能行为的研究较少，已有研究主要集中于对能源消费的描述性分析，但从这些文献的样本范围和样本数量来看，多基于特定省份和地区，样本数量较小，无法完整刻画中国居民能源消费现状。

二是从研究层面来看，国内已有的一些关于居民家庭能源消费的研究主要是涉及家庭能源消费需求预测和家庭能源消费的区域特征与空间格局等问题的宏观数据的分析，而缺乏对居民家庭能源消费问题进行微观行为的分析。由于数据的限制，仅有少数学者采用了小范围的微观调查数据。虽然宏观层面的历史数据通常容易获得，但是可以研究的因素较少，模型中仅包含宏观变量容易遗漏家庭个体行为特征带来的影响。目前来看，仅有 Hou 等（2016）、Ma 和 Liao（2018）、Zhang 和 Hassen（2017）和 Zheng 等（2014）利用计量技术和全国数据对居民用能选择问题进行了较为系统的研究，这类调查尽管样本量较大，但这些调查涉及能源的问题较少，主要在于对家用电器和电力支出的统计，对于居民能源信息的收集均为被访者基于对往年能源消费的回忆所直接报告的数据，对居民用能量的统计并不全面。

三是目前对能源消费和碳排放不平等的测度由于数据的可用性，

国外研究更多的是对全球不平等的分析，而这将忽略各个经济体内部的不平等。就目前中国对能源消费的不平等研究来看，更多是使用省级层面宏观数据进行测度，或者使用统计年鉴中的分组数据对基尼系数进行测度，这样明显低估了各个组别内的不平等情况。

四是在评价散煤治理政策时，相关文献大多采用定性的研究方法。定性研究虽然可以给政策走向提供方向上的建议，但是无法对具体的量化指标给出估算（如散煤治理效果等）。由于散煤购买渠道以及使用方式分散，导致数据不易统计，国内相关研究主要集中在工商业用煤方面，且大多采用宏观统计数据进行分析。少数关于居民散煤使用治理政策的研究也多采用论述的定性研究，缺乏对中国居民散煤使用情况的系统性调研，缺乏对散煤治理政策效果的量化评估。

第 三 章

中国农村家庭能源消费的测度及基本特征

准确收集和测度家庭能源消费信息是帮助辨识家庭能源消费中存在的科学问题的前提，也是政府进行宏观决策、能源企业进行经济投资的重要参照基础和统计支撑。本章将提出一种基于用能设备的自下而上的家庭能源消费核算方法对中国农村家庭直接能源消费进行估计。首先，通过对中国宏观层面的农村能源官方数据统计现状进行讨论，引出本章研究的必要性；其次，通过对现有的家庭能源消费统计方法进行探讨和比较，总结现有方法存在的不足与缺陷；再次，详细介绍本章所提出的基于用能设备的自下而上的家庭能源消费核算方法并对其有效性进行验证，利用现有问卷数据对该方法进行应用，勾勒出中国农村家庭能源消费的基本特征与变化趋势，并将中国农村家庭能源消费数据与其他国家进行比较，判断中国农村家庭能源发展所处阶段以及存在的问题；最后，在准确测度能源消费量的基础上，进一步对家庭碳排放情况进行核算。

本章框架结构安排如下。第一节为前言，对目前中国农村能源消费数据统计现状进行描述；第二节为核算方法比较，主要是探讨现有的家庭能源消费信息获取方式；第三节为核算方法介绍，分别从核算思路、核算模型、与其他方法的比较和方法有效性验证等方面进行阐述和分析；第四节为核算方法应用，归纳和总结中国农村家庭能源消费和能源二氧化碳排放的基本特征，并从国际层面对家庭能源消费数据进行比较；第五节为本章小结。

第一节　前言

随着居民部门成为最大的能源消费主体之一，家庭能源消费信息收集的重要性日益突出，对居民、企业和政府部门都有重要意义。对于终端消费者来说，及时掌握用能信息能够帮助家庭更好地进行家庭用能管理和采取节能行为，而设备用能信息的缺失则在一定程度上会导致能源浪费（Kempton，1986）。对于家庭能源服务提供者来说，家庭用能信息的掌握能够帮助其识别出潜在消费人群以及节能潜力以更好地制订未来投资计划，如电网建设等。对于政策制定者来说，家庭用能信息的监测能够帮助其校准统计数据，指导其采取激励兼容的需求侧管理措施（Risch，Salmon，2017）。

国家统计局是中国收集、汇总和发布农村能源消费数据的主要官方机构。但从目前可获得的信息来源来看，国家统计局并未就家庭能源消费数据的收集展开专项的微观调查统计，而部分发达国家早年就已经开始对这一领域展开调查。不仅如此，能源平衡表数据也并未将生物质能消费考虑到能源消费总量的核算之中，而这对准确统计农村地区的能源消费量极为重要。除国家统计局负责统计能源消费数据外，农业农村部是中国唯一可公开获取生物质能消费量的数据源，这主要是指在《中国农村能源年鉴》中对农村生活在各类能源品种上的消费量统计，该年鉴涵盖了20世纪70年代以来中国农村能源发展的情况。该数据是基于镇级数据的汇总，首先由镇级统计单位将数据提交给县级农村能源办公室，其次在省级层面和国家级层面进行检查和汇总。但不能忽视的一点在于，镇级层面的数据通常是由村级层面上报的，而此时负责村级数据收集的工作人员主要是村领导,尽管村领导相对于其他农村村民来说,可能受教育水平较高,但对抽样技术和调研方法的了解程度相对于专业统计人员还是稍显不足。那么在上级单位未对数据质量提出要求的情况下,村级统计人员为减轻工作量,极有可能会存在对历史数据进行简单变换就上报的动机(Zhang, et al., 2018)。

根据具体数据来比较国家统计局数据和农业农村部数据的质量,图3-1(a)是根据《中国农村能源年鉴》绘制的1991—2009年中国农村生活用能变化情况,数据以1991年为基年进行计算。可以看出,农村居民的液化石油气消费和成品油消费在2006年之后相对于1999年增长超过了1000倍,与之对比,农村家庭的用电量却在2005年之后急剧下降,甚至回到与1991年接近的用电量水平。与此同时,收入却持续增长,用电量的变化趋势与收入变化趋势并不一致。这让我们不得不对农业农村部所统计的生活用能数据质量产生怀疑。图3-1(b)是对农业农村部数据与国家统计局数据的对比。不难看出,农业农村部数据与国家统计局数据在数量和趋势上都有显著差异。农业农村部统计的农村生活用煤数据大致呈现上升趋势,而统计局数据变化趋势则是较为平缓,围绕在5000万吨标准煤上下浮动,且近年来有下降趋势,除了变化趋势的差异外,两者在数量级上的差异也不容小觑。从电力消费数据来看,统计局数据显示农村生活部门的电力消费量是逐年上升的,而农业农村部数据变化则波动起伏较大,变化趋势并不稳定。但考虑到统计局对电力数据的统计是基于电网公司的电表计量数据,从这一点来看,统计局数据相对于农业农村部数据来说会相对可靠。但统计局数据由于在能源统计范围上遗漏了薪柴、秸秆和动物粪便等生物质能,因此我们需要重新审视和估计农村生活部门的能源消费数据,以便在一个统一的框架之下对各类能源品种进行比较。

在官方数据缺失的情况下,国内学者在农村能源数据统计上做了大量的工作,并取得了一些有价值的成果。但不可否认,目前中国针对家庭能源数据的调查规模普遍较小,覆盖的地区范围有限,

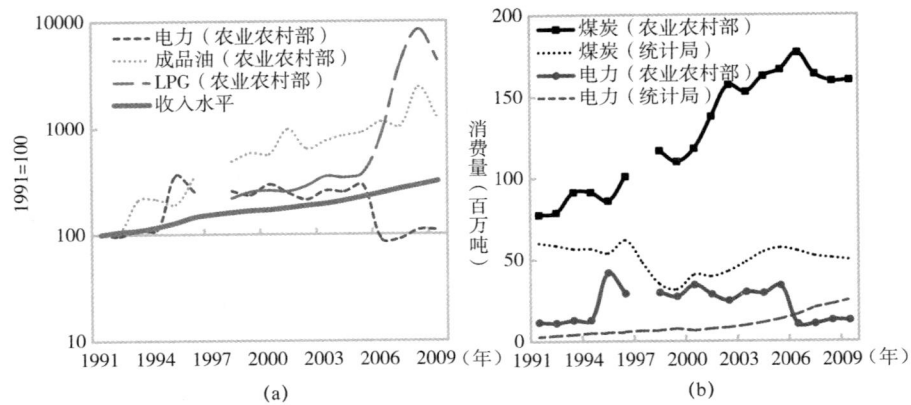

图 3-1 农村家庭能源消费数据比较

资料来源：历年《中国能源统计年鉴》和历年《中国农村能源年鉴》。

难以代表全国情况。而除了利用局部微观数据进行研究外，为全面地刻画中国农村部门能源消费量的演变趋势，近几年开始有学者将宏观层面不同来源的数据进行合并构造新的数据集。例如，Han 等（2018）通过将《中国能源统计年鉴》数据与《中国农村能源年鉴》的数据合并，构造了包含生物质能在内的 1991—2014 年各省能源消费的数据；Li 等（2019）利用同样的方法思路构造了中国各省 1998—2016 年的各类能源消费数据，并考察了能源可及性和能源可负担性对农村居民能源偏好的影响。但正如前文所述，两个数据源的数据并不具有可比性，因此将两者放在统一框架下进行分析会存在一定的问题。为避免该问题，Tao 等（2018）通过全国大规模的数据调查获得了 34489 户家庭的能源调查数据，并估计了 1992 年至 2012 年的中国农村家庭能源消费情况，但其存在的一个问题是该调查对 1992 年、2002 年和 2007 年的能源消费数据获得渠道是由受访者回忆得到的，但这些年份过于久远，其准确度无法得到保证，并且该研究对其他历史年份的数据也是凭统计推断而得。

基于上述所言，尽管家庭能源消费信息统计核算具有重要意义，然而由于核算统计口径的不一致以及统计方法的不恰当，目前中国农村微观层面的家庭能源消费信息统计数据十分缺乏。因此，本章提出一种基于用能设备的自下而上的家庭能源消费核算方法，并利用中国家庭能源消费调查数据对该方法进行应用，从能源消费总量、能源结构和能源用途三个方面对中国农村家庭能源消费特征进行描绘和刻画。

第二节 核算方法比较

如第二章文献综述中所提到的，家庭能源消费测度方法主要包括计算法、测量法以及混合方法三类。但对于计算法中的计量技术和神经网络来说，两者的核算测度结果容易受模型形式与具体估计方法的影响。故本章对测度方法的讨论主要集中在计算法中的工程法与测量法，这类用能信息的收集与核算方式更多的是指基于物理方式展开的，不涉及数据推断方法，使测度结果更具有可比性。

就测量方法来说，尽管能源服务供应商能够通过电表、气表收集家庭的用能信息，但在各国现实情况中，利用这一渠道获取家庭用能信息的可行性并不强。首先，为防止厂商运营情况以及用户信息的泄露，在没有强制性要求的情况下，能源服务供应商并没有主动公布家庭用能信息的动机（Warriner, et al., 1984）。中国目前正是这种情况，例如，国家电网对其用户信息具有极强的保密性，学者很难通过这种渠道来获取用电信息。其次，即使在部分能够获取能源服务供应商数据的国家，尽管通过电表和气表等仪表统计的用能信息有助于极大提高统计数据的精度，但是对于发展中国家（尤其是发展中国家的农村地区）来说，"偷电"现象十分常见（Smith, 2004），使得这类方式获取的数据存在统计上的偏误。再次，仪表方法仅能收集商业能源的使用信息，例如，电力、燃气和热力，无法对煤炭、薪柴、秸秆等传统固体燃料使用量进行统计，而这类传统固体燃料恰恰是农村家庭最主要的燃料来源。从以上三个方面来看，直接从能源服务供应商这一渠道获取家庭用能信息的方式并不可行。

在这种情况下,入户调查成为各国采集能源消费信息的最普遍和成本效率最高的方式(Tso,Yau,2003;Longhi,2014)。从官方调查和其他住户调查实践来看,采集家庭的用能行为主要有两种形式。第一种是调研员通过直接询问的方式让被访者回忆过去某一特定时期的能源消费量和能源消费支出等信息(以下简称"回忆法");第二种是调研员通过查看被访家庭某一时期的能源账单来采集用能信息(以下简称"账单法")。然而,这两类方式在数据统计偏误、统计周期以及统计范围上都存在一些不足。具体来说,就数据偏误而言,基于受访者回忆的数据统计对回忆的准确度要求较高,而账单法则会受到上文所提到"偷电"现象的影响;就统计周期而言,目前预付费方式十分常见,这样就使得通过账单法得到的信息无法确定其核算周期;就统计范围而言,这两种方法都无法统计能源在各类终端用途中的消费量。崔一澜等(2016)在对国内外文献和报告的梳理中也提到国内外家庭能源消费数据测度多从能源种类和宏观生活部门角度对能源消费进行统计,这使得数据无法体现家庭在各类日常活动中的能源消费。具体的比较见表3-1。

表 3-1　　　　　入户调查中用能信息采集方式比较

采集方式	采集难度	数据准确度	数据层面	能源范围
回忆法	简单、便捷	偏误较大	家庭总量数据,无法区分终端用途	适用于所有能源
账单法	取决于家庭账单保存情况	相对准确	家庭总量数据,无法区分终端用途	商品能源

除了回忆法和账单法这两类基于问卷调研来收集用能信息的方式外,目前在部分发达国家一些学者还采用了更为先进的信息采集方式,例如,家庭用电监测器、家庭终端智能电表等(Palmer,et al.,2013;Glasgo,et al.,2017b),这类设备能够实时监控家庭所

有用电设备的用电情况,并将数据上传到云端。但是,这类方法的应用范围较为有限,无法推及传统能源,同时高昂的设备安装与维护费用使得这类方式在中国无法开展。对于问卷调研方法与用电监测器两者的成本比较可见附表1。

第三节 核算方法介绍

本节将对基于用能设备的自下而上的家庭能源核算方法(以下简称"设备法")进行介绍,尽管有少量文献曾利用该方法进行数据核算(Saidur, et al., 2007),但本章内容是首次对该方法的系统性介绍以及对该方法的深入应用。需要再次强调的是本书所提到的家庭能源消费均为家庭直接能源消费。

一 核算思路

基于用能设备的自下而上的能源核算方法的具体实现过程(见图3-2)。首先是输入端,这一步骤主要包括两类数据的收集。第一类是通过入户调查得到家庭微观层面调研数据,需要通过问卷收集的内容涵盖家庭人口统计学特征、用能设备特征以及家庭对于用能设备的使用特征。具体而言,涉及能源核算的数据包括设备类型、设备参数、家庭对用能设备的使用频率和使用时间。第二类需要收集的数据为设备和能源的技术参数和物理参数,例如,设备能效系数和能源流量系数等。这类数据的收集主要来自行业技术标准和学术研究。其次是将能源消费信息数据按照能源品种和能源用途进行分类,然后利用家庭能源消费核算模型对上述两类数据进行处理,得到各类用能设备的各类能源消费量,通过不同层面的加总,分别得到各类终端用途的能源消费量以及各类能源的消费量,最后加总得到家庭总能源消费量。这一实现过程在整体思路上与美国能源信息署的居民能源消费调查(Residential Energy Consumption Survey,

RECS）的核算方法较为类似，但不同之处在于 EIA 对于终端用途的能源消费核算是利用非线性统计模型估计得到的，也就是从总能源消费量中分解出各类终端用途上的消费量。而本节提出的方法则是由分到总的思路。

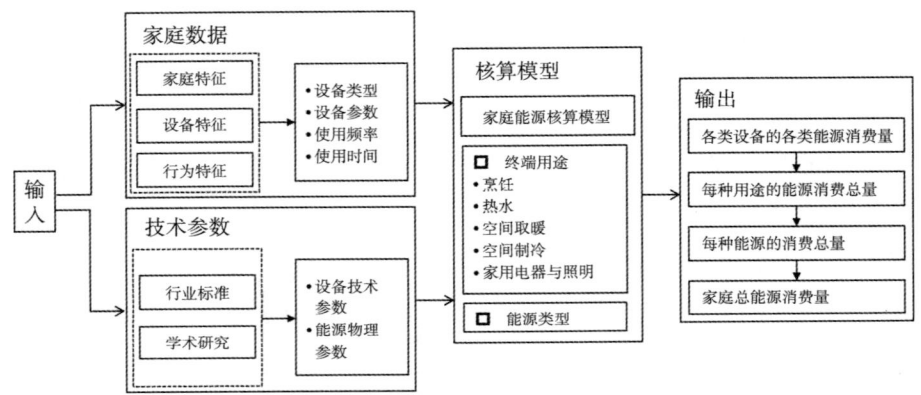

图 3-2 基于用能设备的自下而上的能源核算方法过程

二 核算模型

假定有 I 户家庭，J 种用能设备，M 种能源类型和 N 种终端能源用途。对于家庭 i、设备 j，$energy_{i,j,m,n}$ 为第 m 种能源在第 n 种用途上的日度消费量，此处单位为标准能源消费量，具体核算形式为：

$$energy_{i,j,m,n} = power_{i,j,m,n} \times eeg_{i,j,m,n} \times dura_{i,j,m,n} \times freq_{i,j,m,n} \times coef_m$$

(3-1)

其中，$power_{i,j,m,n}$ 为设备的输出功率，$eeg_{i,j,m,n}$ 为能源效率标识系数，$dura_{i,j,m,n}$ 和 $freq_{i,j,m,n}$ 分别为家庭每次使用该设备的时间和每天的使用频率，这些变量均可通过上述调研数据和技术参数获得。$coef_m$ 为能源折标系数，这一步便于对各类能源加总。

接着，利用家庭 i 的年度有效天数（$stay_i$）对日度数据进行调

整得到 $Energy_{i,j,m,n}$。

$$Energy_{i,j,m,n} = energy_{i,j,m,n} \times stay_i \qquad (3-2)$$

在此基础上，可以分别从能源类型和能源用途两个层面对公式 3-2 的结果进行加总，分别得到家庭 i 对每种能源的消费量（$Energy_{i,m}$）和每类终端用途上的能源消费总量（$Energy_{i,n}$）。

$$Energy_{i,m} = \sum_{j=1}^{J} \sum_{n=1}^{N} Energy_{i,j,m,n} \qquad (3-3)$$

$$Energy_{i,n} = \sum_{j=1}^{J} \sum_{m=1}^{M} Energy_{i,j,m,n} \qquad (3-4)$$

基于上述结果，可以得到家庭能源消费的能源平衡表①（见表 3-2）。对于该表的使用，首先是填入各类设备在各类能源上的标准消费量（$Energy_{j,m,n}$），通过行向加总可以得到各类设备的能源消费总量（$\sum_{m=1}^{M} Energy_{j,m,n}$），在此基础上，在列向上对各类用途中所涵盖的所有设备能源消费量进行加总，得到各类用途的能源消费总量。其次，对于 $Energy_{j,m,n}$，还可以通过列向加总得到各类能源的消费总量（$\sum_{j=1}^{J} \sum_{n=1}^{N} Energy_{j,m,n}$）、（$\sum_{j=1}^{J} \sum_{m=1}^{M} Energy_{j,m,n}$）。最后，分别对末列数据和末行数据进行加总，得到家庭的能源消费总量（$\sum_{j=1}^{J} \sum_{m=1}^{M} \sum_{n=1}^{N} Energy_{j,m,n}$）。

表 3-2　　　　　　　　　家庭能源平衡表示意

用途	设备	电力	煤	……	设备总量	用途总量
烹饪	电饭煲	$Energy_{rice,ele,cook}$	$Energy_{rice,coal,cook}$	$Energy_{rice,m,cook}$	$\sum_{m=1}^{M} Energy_{rice,m,cook}$	$\sum_{j=1}^{J} \sum_{m=1}^{M} Energy_{j,m,cook}$
	微波炉					
	……	……	……	……	……	

---

① 能源平衡表是以矩阵形式将能源的使用情况进行描述的表格，该表的好处是能够直观明了地展示各类能源在不同用途上的能源使用情况，该表的特点是末列的合计值等于末行的合计值，而这一合计值则是以标准能源单位表示的能源消费总量。

续表

用途	设备	电力	煤	……	设备总量	用途总量
家用电器	洗衣机					
	电视机					
	……					

用途	设备	电力	煤	……	设备总量	用途总量
空间取暖	电暖器					
	炕					
	……					
……	……	$Energy_{j,ele,n}$	$Energy_{j,coal,n}$	$Energy_{j,m,n}$	$\sum_{m=1}^{M} Energy_{j,m,n}$	$\sum_{j=1}^{J}\sum_{m=1}^{M} Energy_{j,m,n}$
消费总量		$\sum_{j=1}^{J}\sum_{n=1}^{N} Energy_{j,ele,n}$	$\sum_{j=1}^{J}\sum_{n=1}^{N} Energy_{j,coal,n}$	$\sum_{j=1}^{J}\sum_{n=1}^{N} Energy_{j,m,n}$	$\sum_{j=1}^{J}\sum_{m=1}^{M}\sum_{n=1}^{N} Energy_{j,m,n}$	$\sum_{j=1}^{J}\sum_{m=1}^{M}\sum_{n=1}^{N} Energy_{j,m,n}$

三　与其他方法的比较

与前言中所提到的回忆法和账单法相比，该方法拥有这两种方法无法比拟的优点。第一，由于该方法是一种自下而上的估计方法，因此详细的分类数据能够从能源品种和终端能源用途两个方面准确识别出能源消费中的最大消费来源，这有助于政策制定者采取更高效的精准节能政策。第二，该方法最大的好处在于能够灵活地将各类能源纳入核算框架，而不仅仅拘泥于现代商品能源，这对于发展中国家（尤其是农村地区）的能源消费核算具有重要意义。

值得注意的是，虽然该方法的使用建立在调研数据的基础上，因而不可否认该方法同样也存在问卷调查数据收集的一般性缺陷，如数据偏误等（Rahul Sharma，Chan，2016）。但是本章认为利用该方法所收集的数据中存在偏误等问题要远小于其他方法。首先，由于家庭的用能行为特征等信息是家庭的日常活动行为，因而该方法所要求受访者回忆的问题（例如，设备使用频率和使用时间这类问题）答案相比于回忆法中的问题（例如，"您家去年用了多少度电"这类问题）答案对受访者的回忆准确度要求较低。其次，设备信息数据更是独立于受访者的回忆，调研员可以通过自行查看设备获取数据。再次，相比于回忆法直接通过询问受访者家庭年度用能支出这类敏感问题来获取数据，受访者有意隐藏日常生活经历数据的动机较小。然而，由于数据的局限性，这一点无法在本章研究中得到验证。

四　方法有效性验证

为对该方法的估计结果有效性进行验证，本节将对该方法估计结果与回忆法和账单法的数据结果进行概率分布比较和统计量比较。考虑到账单法仅涵盖商业能源，此处的有效性验证以电力消费数据为例进行比较分析。

本节方法验证所采用的数据来自2013年的中国家庭能源调查消费数据库（China Residential Energy Consumption Survey，CRECS 2013），该年数据仅包括农村地区，对于数据的详细介绍见下节。在农村地区，目前有两种电力付费方式，分别为先付费后消费方式和先消费后付费方式（Du, et al., 2017）。本节数据中两种方式所占比重分别为23%和77%。实行预付费方式的消费者由于无法准确核定电力账单的消费日期，因此只能基于回忆报告其电力消费量，此处将该类家庭定义为回忆组。对于后付费方式的消费者，尽管此类人群能够通过电力账单知晓特定周期内的电力消费量和电力消费支出，但由于大多数家庭并不会完整地保留整年的电力账单，因此此处将其定义为部分账单组。图3-3为利用设备法估计得到的结果与另外两类方法估计结果的累积概率分布图，图3-3（a）为回忆法与本节方法的比较，图3-3（b）为部分账单法与本节方法的比较。在图3-3（a）中，设备法的概率分布曲线位于回忆法上方，这是因为设备法的估计结果较为集中，而回忆法的估计结果较为分散，方差较大。通过比较图3-3（a）和图3-3（b），可以看到，相对于回忆法的结果来说，设备法的估计结果与部分账单法的结果更为接近，但设备法的核算结果稍低于部分账单法的结果。

对于设备法核算结果低于回忆法与部分账单法的结果，可以从两个方面进行解释。一种解释是家庭在回忆法和部分账单法的情况下会高报其实际用电量。具体来说，考虑到预付费方式的特性，回忆法估计结果必然不能超过年度预付费所购买的电量，但家庭会根据预付款额度来高报其实际用电量。而实际上，家庭在被调研日期可能还并未使用完预付款的电力额度。对于部分账单组来说，如果家庭保留了前几个月用电量较高的账单，则可能会根据这些信息来高报其年度用电量。例如，如果家庭保留的是炎热夏季的电力账单，那么空调和风扇的高频率使用必然导致该计费周期的电费较高，此时家庭若依据夏季电力账单来推算其他季节的电费支出，必然会带来对年度电费高估的问题。此外，设备法的估计结果低于其他两种方法的另一种解释可能是由于在问卷设计中对设备的信息统计并未穷尽所有电器。例如，在本节所采用的 CRECS 2013 数据中，问卷并未考虑饮水机、充电手机和吸尘器等设备的用电量。

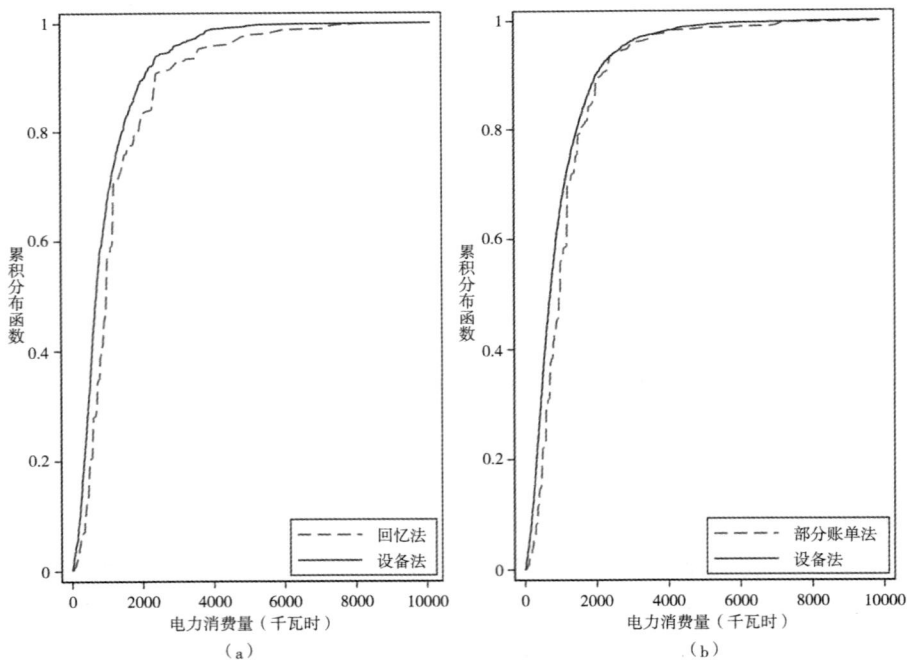

图 3-3 不同方法核算的电力消费量概率分布

接下来分别利用回忆法、部分账单法以及设备法三种方法对电力数据的估算结果进行比较，并进行统计性检验（见表3-3）。首先进行方差比检验，该检验的零假设是两列样本的方差相等。从检验结果来看，回忆法与设备法两个组别的 f 统计量为 0.553，在 1% 的水平上显著；部分账单法与设备法两个组别的 f 值为 0.602，也在 1% 的水平上显著。这个结果表明，两组的方差在统计意义上并不相等。在方差不相等的前提下，再分别对两个组别样本进行 t 检验，两组样本的 t 值分别为 -6.238 和 -6.733，表明拒绝均值相等的零假设。进一步的，通过计算 Spearman 等级相关系数进行稳健性检验，该检验主要是用来评价两组样本的等级相关性，零假设为两组变量彼此独立。之所以选择 Spearman 相关系数而非一般形式的变量相关系数是考虑到前文所提到的设备法存在对设备的不完全统计可能导致结果的低估。从结果来看，回忆法与设备法以及部分账单法与设备法的 Spearman 相关系数分别为 0.296 和 0.387，这意味着强烈拒绝原假设，即两组数据存在显著的等级相关性。

表3-3　　　　　　　　不同方法核算的电力消费量比较

组别		平均值	方差比检验 (H_0：比率 =1)	方差不等 t 检验 (H_0：均值差异 =0)	Spearman 相关系数 (H_0：两组数据独立)
预付费组	回忆法	1335	$f = 0.553$ ($p = 0.000$)	$t = -6.238$ ($p = 0.000$)	$rho = 0.296$ ($p = 0.000$)
	设备法	981			
账单组	部分账单法	1223	$f = 0.602$ ($p = 0.000$)	$t = -6.733$ ($p = 0.000$)	$rho = 0.387$ ($p = 0.000$)
	设备法	998			

从 t 检验的结果来看，尽管三种方法的估计结果存在一定差异，但是考虑到设备法对设备信息统计的不完备所带来的数据轻微低估，以及回忆法和部分账单法中的高估倾向，我们可以推断出真实值所处的区间，即真实值处于设备法、回忆法以及部分账单法的结果之间。

第四节　核算方法应用

基于前文对核算方法的介绍以及对该方法有效性的验证，接下来本节将利用该方法对中国农村家庭能源消费调查数据进行核算，以总结出中国农村家庭的能源消费特征及一般规律。

一　数据介绍及核算结果

本节将采用中国家庭能源调查消费数据库 CRECS 2013 和 CRECS 2014 对本章提出的方法进行应用。CRECS 数据库通过入户调查，搜集消费者拥有的用能设备信息和设备使用情况信息。其中，用能设备信息包括每种设备的物理参数，如设备类型、消耗的燃料类型、能耗功率、能效标识等；设备使用情况包括居民对该设备的使用频率、使用时间等行为特征等。其中，CRECS 2013 的调研范围为中国 12 个省市的农村地区[①]，样本量为 3404 户，依托于中国人民大学"千人百村"社会实践活动展开，抽样方法为概率比例规模抽样（Probability Proportionate to Size Sampling，PPS）；该抽样方法的设计属于隐式分层，能覆盖全国不同地区，抽样方法简洁。CRECS 2014 则涵盖全国 28 个省的城乡地区，但由于本书的研究对象为中国农村地区，故仅选取其中的农村家庭样本，样本数量 1605 户，来自全国 27 个省市。[②] CRECS 2014 是在中国综合社会调查（Chinese General Social Survey，CGSS）总体抽样基础上再次随机抽样三分之一样本。其中 CGSS 的抽样方法为分层三阶段概率抽样，分为必选层

---

① 12 个省分别为云南省（65）、四川省（574）、广东省（252）、江苏省（24）、河北省（743）、浙江省（124）、湖北省（468）、湖南省（271）、甘肃省（255）、福建省（88）、陕西省（327）和黑龙江省（213）。

② 27 个省（自治区、直辖市）为除天津市、海南省、新疆维吾尔自治区、西藏自治区以及港澳台地区以外的其他省级行政区，样本具体分布情况可联系作者索取。

和抽选层，然后视所在层情况，设定各阶段抽样单元。①

为利用上节所提到的方法来描绘中国农村家庭能源消费的基本特征，首先需要对数据的代表性进行说明。表 3-4 为本节所采用的 CRECS 数据库部分变量与国家统计局农村地区的住户调查数据的对比结果。2013 年，农村平均每户常住人口为 3.58 人，男性比重约为 52.5%，平均年龄为 40.6 岁。这些人口统计学变量与官方统计数据十分接近。在官方统计数据中，平均每户常住人口为 3.3 人，男性成员比例为 51.3%，平均年龄 37 岁。家庭收入和支出数据及其构成也与官方统计数据极为接近。例如，CRECS 2013 的人均可支配收入和人均支出分别为 10837.5 元和 6528.95 元。这与官方数据没有显著差异（9429.6 元和 7485.1 元）。至于收入和支出构成，除了我们农业收入与服装支出稍高于官方数据外，其他数据均与官方数据相差不大。此外，主要家电和车辆的拥有量数据也能说明本调查的代表性。例如，每百户家庭的冰箱、洗衣机、电视机的官方统计数据也与本样本十分接近。CRECS 的电视拥有率较低是由于问卷只允许报告最多两个电视。CRECS 2013 涵盖了不同的收入人群。调查的样本包括了农村最贫穷的人群（人均收入低于 2000 元）和最富有的人群（人均收入超过 50000 元）。2014 年的数据同样也与官方统计数据较为接近，且同时涵盖了低收入和高收入人群。

可以看到，CRECS 数据与国家统计局官方调查数据结果的差异在可接受的范围内，这说明基于 CRECS 数据库进行核算的结果确实能在一定程度上代表中国农村家庭能源消费的基本情况。

表 3-4　　　　CRECS 数据与国家统计局调查数据对比

变量	单位	CRECS 2013	CRECS 2014（农村）
每户常住人口	人	3.58 (3.3)	2.7 (3.12)

---

① 具体参见 http：//cgss.ruc.edu.cn。

续表

变量	单位	CRECS 2013	CRECS 2014（农村）
男性比重	%	52.5 (51.3)[a]	53.2 (51.4)
平均年龄	岁	40.6 (37)	35.9 (37.3)
人均可支配收入	元	10837.5 (9429.6)	17094.3 (10488.9)
#农业收入	元	2492 (2160)	—
#林业收入	元	166.2 (162)	—
人均支出	元	6528.95 (7485.1)	9138.1 (8382.6)
#食品支出	元	2016.1 (2003.2)	2368.3 (2814.0)
#服饰支出	元	594.7 (453.8)	717.3 (510.0)
#住房支出	元	1590.7 (1579.8)	1558.2 (1763.0)
#交通支出	元	522.2 (582)	—
每百户耐用品拥有量			
#冰箱	台	75.4 (72.9)	83.9 (77.6)
#洗衣机	台	69.7 (71.2)	75.8 (74.8)
#电视机	台	98.6 (112.9)	110.9 (115.6)

资料来源：《中国住户调查年鉴2015》与《中国住户调查年鉴2016》；标记 a 的数据来自《中国人口和就业统计年鉴2015》与《中国人口和就业统计年鉴2016》。

正如前文所提到的,利用设备法可以绘制家庭能源平衡表,但限于篇幅,此处未给出两个年份的平衡表,而选取了更加直观的形式,即能源流量图(以下简称"能流图")来展现能源平衡表的结果。CRECS 2013 和 CRECS 2014 两年的能流图见图 3-4。从图中可以看到,2013 年和 2014 年,中国一个标准农村家庭的能源消费量分别为 1295kgce(千克标准煤,kilogram calorie equivalent,kgce)和 1403 kgce。[①] 从能源类型来看,柴草(薪柴和秸秆)为第一大能源来源,比重达到家庭总能源消费量的 50% 以上。煤炭为第二大能源来源,两年比重均高于 20%。电力为农村家庭第三大能源来源,占比在 10% 左右。液化石油气、天然气、热力和其他能源消费较少,占家庭总能源消费的比重均不超过 10%。从能源终端用途来看,空间供暖和烹饪是中国农村家庭能源消费的最大去处,两者的占比之和在 90% 左右。家用电器与照明和热水的能源消费比重之和大约在 10%,空间制冷用能极少。本章研究所提到的终端用途不包括交通用途。

考虑到空间取暖用能占到中国农村家庭能源消费总量的一半,而气候差异又与空间取暖行为密切相关,故以北纬 34 度为界将研究范围划分为北方地区和南方地区,比较两类地区在能源终端用途上的区别,具体见表 3-5。明显可以看到,北方地区农村家庭的能源消费总量(2013 年:1678 kgce;2014 年:2060 kgce)远高于南方地区(2013 年:983 kgce;2014 年:921 kgce)。两者能源消费量的巨大差异主要体现在空间取暖用能上。这是由于北方地区纬度较高,温度较低,对取暖需求较为旺盛;而南方地区(尤其是华南地区),冬暖夏热,对取暖需求较小。具体来说,2013 年和 2014 年,北方地区空间取暖用能占比达到 65.8%—70.7%,而南方地区仅为 13.8%—24.3%。北方地区空间取暖的户均用能量

---

① 采用电热当量法进行计算,其中煤炭、电力、天然气、薪柴、秸秆、液化石油气的能源折标系数分别为 0.607、0.1229、1.33、0.571、0.5、1.7143。

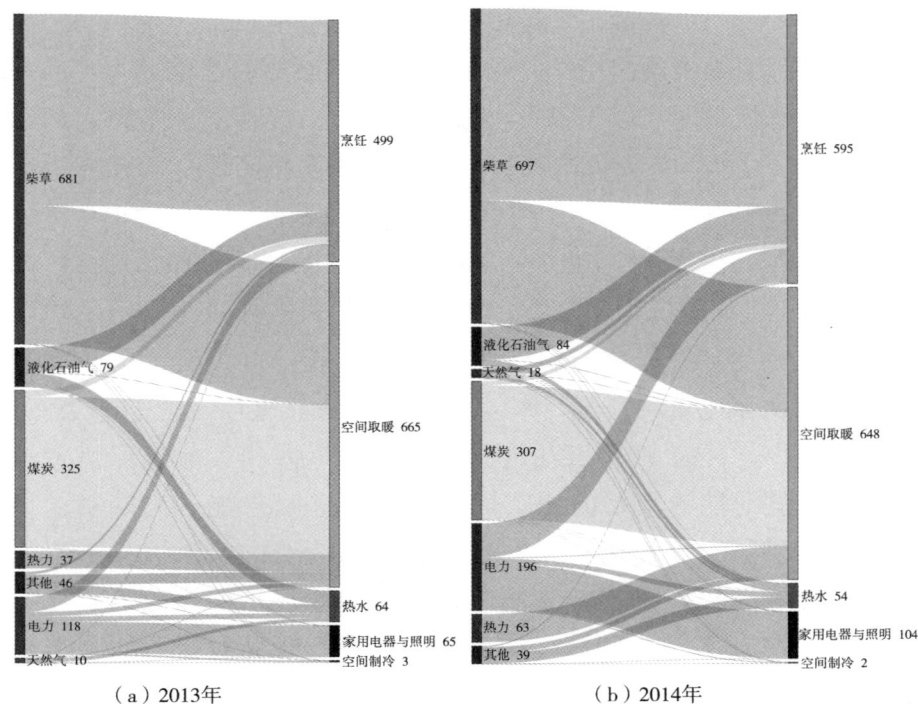

图 3-4　CRECS 2013 及 CRECS 2014 能流图

达到南方地区的五倍以上。此外，南方地区的烹饪用能与热水用能高于北方地区。

表 3-5　　　　　中国农村家庭能源消费量——按终端用途

年份	地区	平均每户家庭能源消费量（kgce）					
^	^	家用电器与照明	空间取暖	空间制冷	热水	烹饪	合计
2013	全国	64.7 (5.0%)	664.5 (51.3%)	3.3 (0.3%)	63.7 (4.9%)	499.1 (38.5%)	1295
^	北方	63.4 (3.8%)	1186.0 (70.7%)	2.0 (0.1%)	24.4 (1.5%)	402.5 (24%.0)	1678
^	南方	65.8 (6.7%)	238.8 (24.3%)	4.4 (0.4%)	95.7 (9.7%)	577.9 (58.8%)	983

续表

年份	地区	平均每户家庭能源消费量（kgce）					
		家用电器与照明	空间取暖	空间制冷	热水	烹饪	合计
2014	全国	104.1 (7.4%)	647.8 (46.1%)	2.0 (0.1%)	54.2 (3.9%)	595.5 (42.4%)	1404
	北方	104.6 (5.1%)	1356.1 (65.8%)	1.0 (0.0%)	31.0 (1.5%)	567.2 (27.5%)	2060
	南方	103.8 (11.3%)	127.1 (13.8%)	2.8 (0.3%)	71.2 (7.7%)	616.3 (66.9%)	921

注：括号内为各终端用途的能源消费量占家庭总消费量的比重。

从能源阶梯也就是能源品种升级的角度来看，收入水平会直接影响家庭能源品种的选择，因此根据经济发展水平将全国划分为东部地区、中部地区、西部地区来比较各地区农村家庭能源消费的差异。[①] 可以发现，经济越发达地区能源消费总量越低，而西部地区经济发展最为落后，但能源消费量却最高（见表3-6）。这个现象可以由能源品种的热值来解释。经济发展水平较高的地区，多使用热效率较高的优质商品能源（如电力、液化石油气等），而经济发展水平较为落后的地区，使用柴草这类热效率低的传统固体燃料较多。在这种情况下，为获取相同数量的热量，相较于优质能源，则需要消费更多的柴草数量来弥补热量的损耗。表中也可以明显看出，东部地区的液化石油气消费量高于西部地区，而西部地区的煤炭和柴草消费数量远高于其他地区。

值得注意的是，前文对于南方和北方地区，以及东部、中部和西部地区进行分析主要是基于气候差异和经济水平差异两个维度，这类分区标准虽在一定程度上能体现不同区域的能源资源禀赋，但

---

① 本节研究中的东部地区包括上海、北京、山东、广东、江苏、河北、浙江、福建和辽宁；中部地区包括吉林、安徽、山西、江西、河南、湖北、湖南和黑龙江；西部地区包括云南、内蒙古、四川、宁夏、广西、甘肃、贵州、重庆、陕西和青海。

并未完全精准体现各省的准确差异。[①]

表3-6 中国农村家庭能源消费量——按能源品种

年份	地区	平均每户家庭能源消费量（kgce）						合计
		煤炭	电力	天然气	液化石油气	柴草	其他	
2013	全国	325.0 (25.1%)	118.5 (9.2%)	9.7 (0.7%)	78.9 (6.1%)	680.5 (52.5%)	82.3 (6.4%)	1295
	东部地区	467.4 (42.5%)	127.3 (11.6%)	7.9 (0.7%)	153.4 (13.9%)	306.1 (27.8%)	37.3 (3.4%)	1100
	中部地区	127.1 (11.6%)	141.7 (13.0%)	10.7 (1.0%)	75.0 (6.9%)	631.7 (57.9%)	104.9 (9.6%)	1091
	西部地区	335.8 (20.3%)	91.5 (5.5%)	10.7 (0.6%)	6.8 (0.4%)	1096.0 (66.3%)	110.9 (6.7%)	1652
2014	全国	307.4 (21.9%)	195.6 (13.9%)	18.2 (1.3%)	83.5 (5.9%)	697.0 (49.6%)	101.8 (7.3%)	1404
	东部地区	335.7 (31.4%)	211.8 (19.8%)	26.2 (2.5%)	141.8 (13.3%)	266.9 (25.0%)	86.6 (8.1%)	1069
	中部地区	203.8 (15.1%)	182.7 (13.9%)	6.1 (0.5%)	82.9 (6.3%)	738.3 (56.0%)	105.1 (8.0%)	1319
	西部地区	429.9 (25.0%)	203.0 (11.8%)	29.6 (1.7%)	48.6 (2.8%)	904.8 (52.5%)	106.7 (6.2%)	1723

注：括号内为各能源品种的能源消费量占家庭总消费量的比重。

二 国际比较

通过对其他国家家庭能源消费数据进行收集，可以发现绝大多数发展中国家在数据采集方面相比较发达国家更为困难，在数据的透明度、调查的严谨性上也较其他国家有所差距。由于经济发展程度不高，能源使用很大程度上由地域能源禀赋决定，同时贫富差距和城乡

---

① 具体各省能源消费数据可联系笔者获取。

差距也直接导致了发展中国家不同地域之间能源使用的显著差异。

表 3-7 比较了各国家庭能源消费情况，可以看到，发达国家的家庭能源消费量相对较高，每户家庭的能源消耗量为 2113—3679 kgce。根据 Nakagami 等 (2008)，2003 年越南家庭的能源消费最低，为每户 205 kgce；2000 年印度农村居民的消费量为每户 820 kgce，与泰国农村家庭每户能源消费量 (888 kgce) 较为相近；2003 年中国农村家庭每户的最高消费水平为 1879 kgce。这些统计数据提供了一个比较的基准。按照本章的估计结果，2013 年和 2014 年中国农村家庭的家庭能源消费量分别为每户 1295 kgce 和每户 1403 kgce，大大低于 Nakagami 等 (2008) 所估计的中国农村 2003 年的水平。这可能是由从低效固体燃料向商业能源的过渡以及炉灶和家用电器的能源效率改进所致。中国 2013 年与 2014 年的能源消费水平大约相当于美国 2015 年和爱沙尼亚 2012 年的二分之一，与 2014 年印度农村的能源消费量较为接近。

表 3-7　　　　　　　　　家庭能源消费的国际比较

资料来源	国家/地区	家庭能源消费（kgce/户）
Energy Information Administration (2009)	美国农村 (2009)	2967
Statistics Canada (2014)	加拿大 (2011)	3679
International Energy Agency (2015)	德国 (2012)	2113
	法国 (2012)	2153
	英国 (2012)	2192
CEEW—Columbia Survey	印度农村 (2014)	1432
Nakagami 等 (2008)	越南 (2003)	205
	印度农村 (2000)	820
	泰国农村 (2000)	888
	中国农村 (2003)	1879
本章估计结果	中国农村 (2013)	1295
本章估计结果	中国农村 (2014)	1403

注：越南的数据不包括薪柴和秸秆等；2014 年印度农村数据仅包括烹饪与照明用途。

图 3-5 分别从能源结构和能源终端用途两个方面对各国家庭农村消费情况进行了比较。尽管各国存在巨大差异，但还是有规律可循。对于发达国家而言，电力、天然气和油品是主要能源来源。而在发展中国家，生物质①在能源需求中占主导地位，其次是煤炭和电力［见图 3-5（a）］。从能源终端用途来看，由于各国之间统计口径的差异，现将本章中烹饪用途与热水用途合并为烹饪与热水用途组，以使结果具有可比性。可以看出，发达经济体的能源需求高度一致。对供暖的需求消耗最大，而用于烹饪与热水的能源相当于家用电器与照明的能量需求。对于发展中国家而言，农村家庭的最大能源需求用途是烹饪与热水。它占中国和越南总能源的一半左右，而泰国和印度更甚，烹饪与热水用途占了能源消费总量的80%以上。供暖成为中国家庭的第二大能源需求，而对于其他亚洲国家，第二大最终用途活动是家用电器与照明［见图 3-5（b）］。

从各国的数据中可以看出，烹饪几乎是每一个欠发达国家家庭能源共同的主要用途，也是发展中国家在实行能源调查过程中需要重点关注的部分。而在能源使用上，薪柴和秸秆这类生物质能的大量使用和天然气的低使用率则是中国与发达国家最为明显的不同之处。纵观欠发达地区的家庭能源使用情况，电力普及度低和能源利用率差等将是今后各国能源转型亟待解决的问题。

三 农村家庭能源碳排放

在使用设备法估计出农村地区的家庭能源消费的基础上，可以进一步地估算由于家庭能源消费引致的二氧化碳排放量，并且从能源品种和终端能源用途两个方面来辨识出最大的碳排放来源。本节所使用的化石燃料碳排放系数是通过对《IPCC 国家温室气体排放清单 2006》中的固定源燃料排放系数与中国能源热值及碳氧化因子调整计算得来的。从长期来看，生物质能具有碳中和的性质，但本节

---

① 本章数据所指的生物质能主要包括薪柴、秸秆、动物粪便和沼气。

第三章　中国农村家庭能源消费的测度及基本特征　71

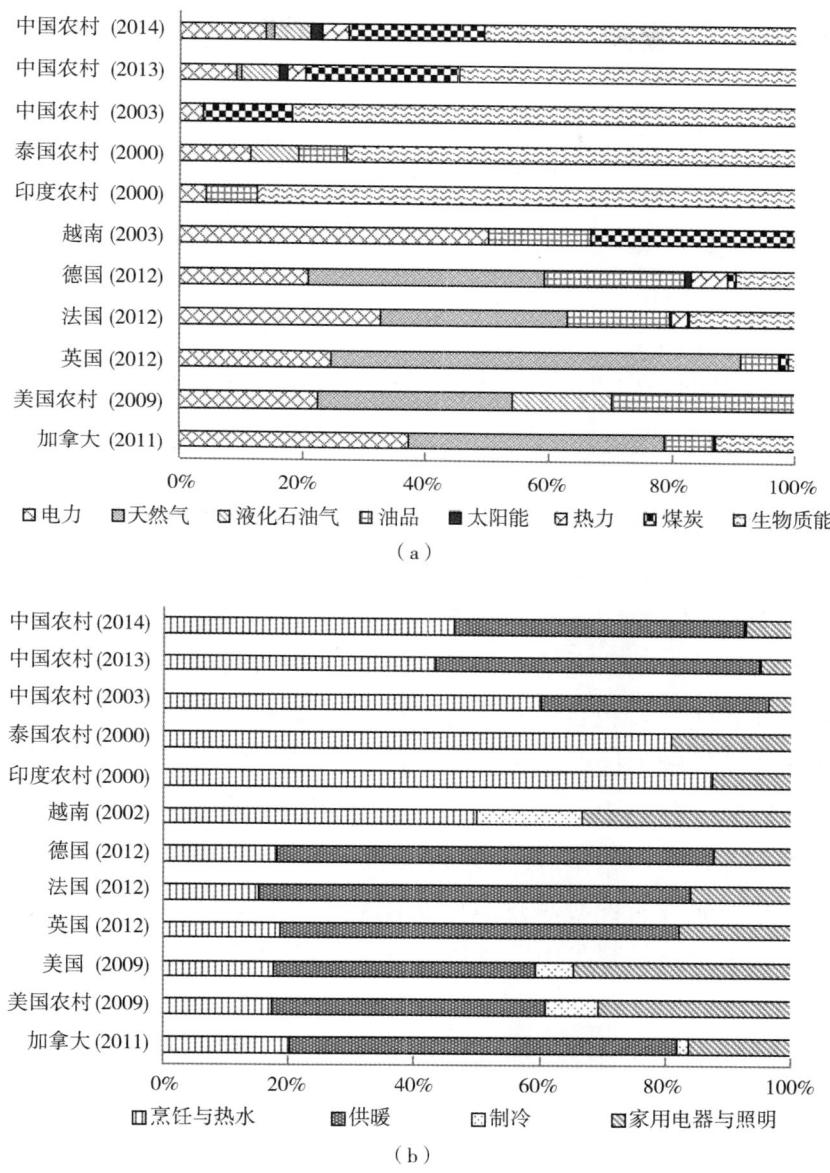

图3-5　分能源品种和能源用途的农村家庭能源消费比较

研究仅考虑当期排放,因而也将生物质能碳排放考虑到分析中。生物质能排放系数来自 Wu 等(2022)。对于电力和热力而言,两者为二次能源，不纳入本节考虑范围。各类能源品种的具体二氧化碳排放因子见表3-8。

表3-8　各类能源二氧化碳排放因子

能源品种	煤 （kgCO$_2$/Kg）	汽油 （kgCO$_2$/L）	柴油 （kgCO$_2$/L）	液化石油气 （kgCO$_2$/L）	天然气 （kgCO$_2$/m³）
排放因子	2.53	2.26	2.73	1.75	2.09
能源品种	管道煤气 （kgCO$_2$/m³）	动物粪便 （kgCO$_2$/Kg）	薪柴 （kgCO$_2$/Kg）	秸秆 （kgCO$_2$/Kg）	沼气 （kgCO$_2$/Kg）
排放因子	0.78	1.06	1.62	1.27	1.750

根据表中列出的排放因子以及估计核算得到的能源实物消费量，计算出平均每个家庭由能源消费带来的二氧化碳排放量在2013年和2014年分别为3454 kgCO$_2$和3397 kgCO$_2$。若不考虑生物质能燃烧所带来的碳排放，则家庭能源消费所带来的碳排放分别为1520 kgCO$_2$和1438 kgCO$_2$，较包含生物质能的结果下降了一半。2013年和2014年的估算结果较为接近，表3-9为按能源品种计算的各类能源二氧化碳排放量。分能源品种来看，煤炭和薪柴是家庭日常活动最大的碳排放来源，2013年两者合计占比接近95%，2014年占比也超过90%，其他能源品种对碳排放的贡献较小。因此，控制家庭煤炭消费和薪柴消费将是减少中国碳排放的重要途径之一。

表3-9　中国农村家庭能源二氧化碳排放量——按能源品种

能源品种	平均每户家庭能源二氧化碳排放量（kgCO$_2$）	
	2013	2014
煤炭	1422.0（41.2%）	1322.1（38.9%）
液化石油气	80.6（2.3%）	85.3（2.5%）
天然气	15.3（0.4%）	28.6（0.8%）
沼气	11.3（0.3%）	4.0（0.1%）
薪柴	1846.7（53.5%）	1768.4（52.1%）

续表

能源品种	平均每户家庭能源二氧化碳排放量（kgCO$_2$）	
	2013	2014
秸秆	75.2 (2.2%)	187.3 (5.5%)
其他	3.1 (0.1%)	1.8 (0.1%)
合计（不包含生物质能）	1520	1438
合计	3454	3397

注：括号内为各能源品种二氧化碳排放量占总排放的比重。

表3-10为按能源用途划分的能源消费引致的二氧化碳排放量。由于家用电器和照明以及空间制冷均为用电设备，而本节将不考虑二次能源排放量，因此能源用途仅包括烹饪、空间取暖和热水。从能源用途来看，空间取暖用途用能带来的二氧化碳排放量达到家庭总碳排放量的60%以上，若不考虑生物质能，则空间取暖用能碳排放更是接近90%。不含生物质能的烹饪用途碳排放占总碳排放的比重不到10%，但将生物质能纳入考虑范围后烹饪用途比重则高达35%以上。这说明从终端用途视角来看的话，从冬季空间取暖用途和烹饪用途的能源消费改造入手将有助于推进居民部门的节能减排进程。

表3-10 **中国农村家庭能源二氧化碳排放量——按能源用途**

年份	核算边界	平均每户家庭能源二氧化碳排放量（kgCO$_2$）			
		烹饪	空间取暖	热水	合计
2013	包含生物质能	1243.4 (36.0%)	2170.4 (62.8%)	40.2 (1.2%)	3454
	不含生物质能	114.2 (7.5%)	1365.2 (89.8%)	40.2 (2.6%)	1520
2014	包含生物质能	1319.5 (38.8%)	2054.3 (60.5%)	23.6 (0.7%)	3397
	不含生物质能	129.9 (9.0%)	1284.2 (89.3%)	23.6 (1.6%)	1438

注：括号内为各能源品种二氧化碳排放量占总排放的比重。

第五节　本章小结

　　掌握微观层面的家庭能源消费数据对于了解家庭能源消费模式、识别节能潜力、推进家庭能源转型以及制定有针对性的能源政策和需求侧管理规划至关重要。尽管发达国家从早年就已开始定期开展专项的家庭能源消费调查，并对家庭能源消费数据进行统计与核算，但这一工作在发展中国家的农村地区仍是巨大的挑战。由于回忆法和账单法都存在各自的优缺点，本章提出了一种基于设备的自下而上的家庭能源消费核算方法作为现存核算方法的补充。相比之下，本章提出的设备法的优势在于它提供了有关家庭消费的更详细的设备级别信息。此外，它还提供了无法使用基于账单法获取的例如生物质能的家庭消费数据，而这些能源品种都是发展中国家和农村地区的主要来源。但不可否认该方法也存在一定的不足。

　　首先，尽管我们试图最大限度地减少家庭能源消费数据收集过程中对回忆法的依赖，但我们并不否认本书所提到的方法无法消除微观入户调查中普遍存在的测量误差。例如，对受访者的设备使用频率的数据收集是基于家庭在"典型日的平均估计值"。然而实际上，这个典型日的平均值并不能反映出全年的季节性波动。此外，所有家庭成员的使用行为对于参加访谈的受访者不一定是完全透明的。其次，我们方法的核算需要构建新型家庭问卷以及收集各种有关用能设备的大量技术参数，问卷的实施也需要大量的人力资源和资金支持。最后，尽管我们的方法提供了相对客观的能源消费数据，但我们并不否认通过直接测量设备实时使用情况的传感监控器更能准确捕捉家庭能源消费，只能说在综合考虑测度精度、成本投入和应用可行性方面，本章提出的方法较其他方法具有很强的优越性。

　　基于对该方法的应用，本章从微观层面对中国农村家庭能源消费的基本行为特征与规律进行了描绘以及刻画。总体而言，我们有几个主要发现。首先，自20世纪80年代以来，中国农村家庭能源需求不断增长（尤其是商业能源的扩张），中国农村正在进行大规模的能源转型。其次，2013年和2014年中国农村地区一个代表性家庭的能源消费量分别为1295 kgce和1403 kgce。在各种能源投入中，生物质能是农村家庭最主要的燃料来源，其次是煤炭和电力。对于最终用途活动，烹饪和空间供暖用途是最主要的两类能源去处。最后，在能源消费总量、能源结构和最终用途需求方面都存在明显的地区异质性。北方地区农村家庭户均消费量高于南方地区。北方农村家庭最主要的能源用途是空间取暖，而南方地区能源用途则是烹饪。从经济分区来看，西部地区能源消费量最高，中西部地区的生物质能占比远高于东部地区。通过国际比较可以发现，发达国家与发展中国家之间的农村家庭能源消费上存在巨大差距。平均而言，中国农村家庭户均能源消费量不到发达国家的一半。在能源结构和能源用途上，均与发达国家存在较大差异。

第 四 章

中国农村家庭用能选择的影响因素研究

近些年来,尽管中国农村家庭能源消费在数量上有了一定的提升,但是能源使用的质量(即能源品种的选择)却还是停留在较为初级的阶段。能源消费数量的提升虽然能在一定程度上保证居民的基本生活需求、维持生存的必需条件,但能源质量更是直接关系到家庭和社会的高质量发展和可持续发展。因此,本章将回答的问题是:什么因素影响或者约束了农村家庭的能源选择,家庭自身和政府分别可以从哪些方面来采取措施帮助家庭用能结构的优化?基于此,本章将首先利用概率模型来识别出影响农村家庭能源选择的因素,在此基础上,通过对燃料数量品种的演变态势、能源阶梯和能源堆叠假说进行深入探讨,考察"煤改电"政策的影响,实现理论与实际的有机结合。

本章框架结构安排如下:第一节为前言;第二节对居民用能选择模型的设定和数据进行介绍;第三节为实证结果进行分析,对燃料品种和家庭收入的关系进行分析;第四节是本章小结。

第一节 前言

伴随着能源消费量的快速上涨,中国农村家庭能源消费模式发生了巨大的变化，但不充分不平衡现象仍然存在。在结构维度上，尽管农村家庭能源消费用量和能源结构均在一定程度上有所改善，但作为发展中国家，中国农村地区长期以来主要依靠生物质能（秸秆、薪柴、沼气等）提供家庭生活基本能源，清洁高效能源的应用普及率较低，还仍未完全摆脱薪柴、秸秆和散煤这类传统固体燃料。2016年末，全国有超过一半以上的农村家庭使用电力作为炊事取暖的主要能源（见图4-1），但相对于中国100%通电率来说，这一比重还远远不够，并且仍有44.2%的农村家庭使用柴草作为主要生活能源，可见中国农村居民生活能源结构的优化仍有一定的上升空间。在空间维度上，地区间的用能结构也有较大差异，经济发展差异在很大程度上制约着居民能源转型的全面实现。对于发达的东部地区，传统固体燃料的使用率不超过30%且燃气使用率接近70%；而东北地区使用柴草燃料的家庭比例高达84.5%，使用燃气的比重仅为20.3%，西部地区亦是如此。可以说，农村家庭能源消费中存在的地区差异问题和结构不合理问题是中国发展不平衡不充分的重要体现之一。

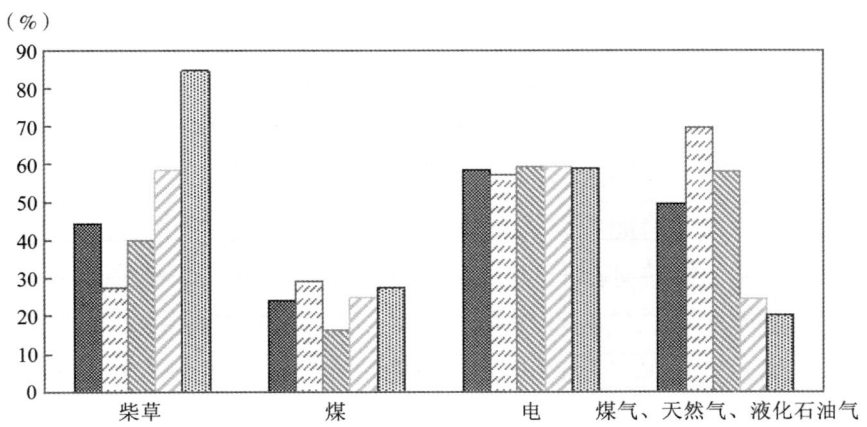

图4-1 农村炊事取暖能源使用情况

资料来源：《第三次全国农业普查主要数据公报》。

为了加快中国农村地区能源转型和环境治理，中国北方在供暖季实施了散煤治理政策。从"煤改电"政策和"煤改气"政策的实施效果来看，政策干预虽然有效改善了环境质量，但气荒所引致的气价上涨，使得家庭对优质能源支出的承受力不足，这给政策制定者带来了巨大的挑战。目前，中国农村地区经济发展水平还较为落后，尽管政府给予了农村家庭大量的设备购置补贴和电价气价补贴，但这并未覆盖农村家庭在电力消费和燃气消费方面的支出，大部分家庭仍无力支付高昂的用能成本。在这种困境之下，厘清中国农村家庭能源转型的客观规律显得尤为重要。

一般而言，优质能源通常价格更高，囿于能源的可支付性，能源转型难度较大。在中国社会经济快速发展，而能源价格存在黏性的情况下，考察收入变化对能源选择的影响十分必要。从图4-2中可以看出，随着收入的不断增加，中国城镇人均煤炭消费量呈现下降趋势，而用电量则逐步攀升，这在一定程度上说明了居民用能结构随着收入的上升而逐渐优化[1]，但这也只能表明收入增长与能源结构优化之间存在相关关系。考虑到农村地区有丰富且免费的生物质资源，资源禀赋和农村家庭特征在用能选择中扮演什么角色，收入增长与能源转型的这一关系在农村地区是否仍然成立以及收入增长在各类用途中对能源的影响是否一致等问题还需要进一步的探讨。对该问题的研究将有助于加深对中国农村家庭能源转型的理解，并为中国未来能源转型政策的制定提供指导。

本章将在厘清能源阶梯与能源堆叠之间关系的基础上，对中国农村居民的用能选择进行研究，考察家庭收入对居民能源选择的影响，以期为能源、气候环境和贫困问题的研究提供一个新的视角，并为"煤改气"和"煤改电"这类能源转型政策的制定提供科学参考与依据。在研究内容上，以往国内学者多将重点放在家庭收入与

---

[1] 国家官方统计机构仅给出了城镇居民按收入等级的能源消费量，未给出农村地区按收入等级的能源消费量数据。

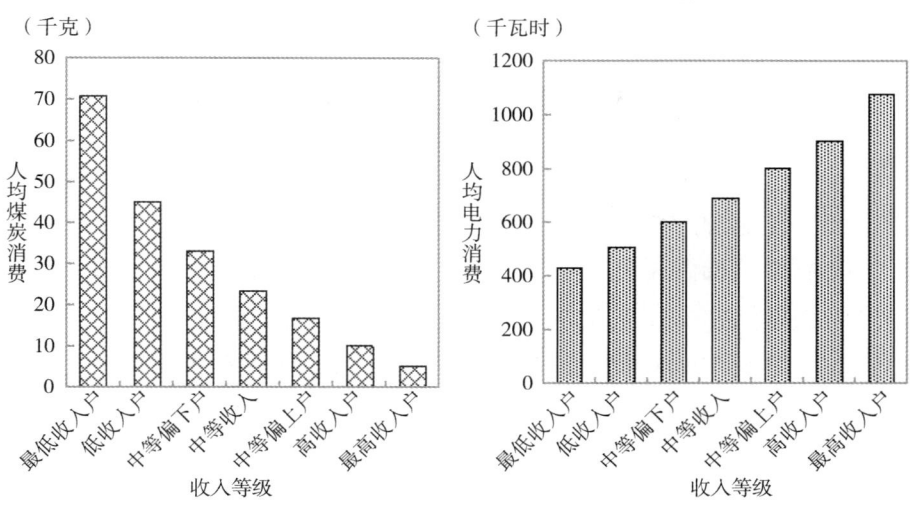

图4-2 2012年中国城镇居民按收入等级用煤量与用电量

资料来源:《中国城市(镇)生活与价格年鉴2013》。

能源需求的数量关系上,更多的是对能源弹性的估计,而忽略了收入效应和价格效应在优化用能结构过程中所发挥的作用。事实上,家庭用能行为是一个两阶段的决策过程,用能量的决策应基于事先的用能选择。因此,考察收入对家庭用能选择决策的影响对于事后准确估计需求弹性十分必要。此外,本章提出能源燃料品种数量随收入增长呈现倒"U"型关系的观点,填补了目前关于能源阶梯与能源堆叠关系的研究空白。在研究对象上,国内外研究均集中于对炊事用能的分析,取暖用途的能源消费往往被忽视(Zhang,Hassen,2017),但实际上能源选择在取暖用途和炊事用途上会有很大的差异。本章考虑炊事和取暖用途能够更加全面地描绘居民用能行为。在数据来源上,本章采用CRECS数据进行研究,相较于现有文献,该数据库对中国居民能源问题的刻画更加全面且更具代表性。在现实意义上,本章将能源阶梯理论应用于"煤改气"政策,讨论了在政策干预情况下,能源阶梯的存在性问题,为未来中国农村能源替代提供了路径选择。

第二节　模型设定与数据介绍

一　对能源阶梯假说的讨论

除能源阶梯假说外，还有学者提出能源堆叠假说，该假说认为居民用能选择并非一个简单的独立过程，用能阶段的跳跃并不会出现优质能源对初始能源的完全替代。受能源价格等多种因素的影响，居民可能会同时使用多种能源。在对中国农村地区能源阶梯的存在性进行验证前，我们需要先对能源阶梯假说与能源堆叠假说两者的关系进行讨论以确定模型形式。虽然认为能源阶梯假说与能源堆叠假说并不相容，但本章认为能源堆叠与能源阶梯假说实质上是共存的。能源阶梯假说提出随着收入的增加，居民会逐渐转向使用更加清洁和便利的优质商品能源，但这并不意味着单调的置换关系，优质能源并不会完全替代传统固体燃料。在家庭能源选择过程中，我们不可否认收入效应对居民能源升级有正向促进作用，但除了收入效应外，能源价格变化带来的替代效应以及燃料供需状况都会使得居民仍然保留对其他能源的使用。居民会根据现实情况有选择性地使用各类能源，而非完全淘汰传统生物质能，也就是说能源阶梯过程与能源堆叠过程是共生的。

例如，2017 年北方"煤改气"政策，尽管各类补贴的存在会提高农户收入，但由于对天然气供需关系的错误估计，天然气短缺倒逼农村居民选择使用更加劣质的能源进行取暖。只有在收入达到足够高的水平、优质能源供给充足、用能设备完备等因素全都具备的情况下，优质能源才有可能实现对劣质能源的完全替代。图 4-3（a）为利用局部加权回归（Locally weighted regression，Lowess）得到的人均收入与燃料数量的关系图。可以发现，随着收入的增长，燃料数量呈现先上升后下降的倒"U"型变化趋势，这与我们的直觉是一致的。同样的，为了更详细地刻画能源等级与收入间的关系，我们对不同收入分组的能源使用情况进行考察［见图4-3（b）］。图中显示薪柴使用频率随着收入的增加而减少；煤炭这类转型能源的消费频率则随着收入增加而出现了先增加后减少的趋势；电力消费频率则是随着收入的增加而增加，这进一步验证了能源阶梯的存在。因而，本章将构建以往常用于研究能源阶梯问题的概率模型，以更科学地验证该问题。

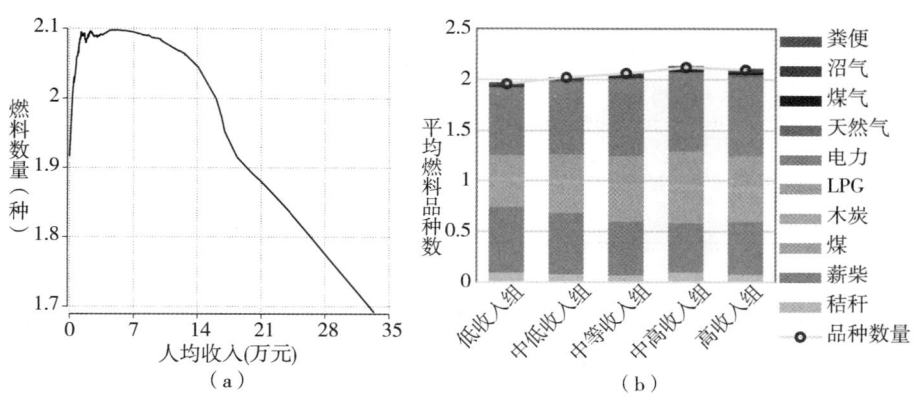

图4-3 燃料数量与人均收入关系

二 家庭用能选择模型设定

现有研究对居民用能选择的分析多采用多项选择模型，包括多项Logit模型（Multinomial Logit，MNL）和多项Probit模型（Multinomial Probit，MNP）。其中MNL模型中无关选择独立性（Independence of Irrelevant Alternatives，IIA）的强假设通常难以满足，该假设要求在两种方案顺序不变的情况下，即使其他方案的相对位置发生了变化，这两种方案的相对位置也不会发生变化。而当IIA无法满足时，MNL模型的估计量可能是有偏且不一致的。另外，许多学者曾从能源可获得性、能源可支付性、能源清洁性、能源便捷性等多个方面对不同能源进行排序。而对于MNP模型来说，多项选择模型会忽略数据内在的排序，导致排序信息的缺失，无法反映出能源间的效用高低。若使用最小二乘法（Ordinary Least Squares，OLS）模型，则会将这类定序变量视为连续变量处理，导致人为的信息膨胀。因此，本书将选择定序 Probit 模型进行分析。

根据定序 Probit 模型的设定以及本章的研究问题，我们假定用能选择隐变量 Y^* 的值取决于家庭人均收入（Income）以及控制变量（Z），即有 $Y_i^* = \gamma Income_i + Z_i \boldsymbol{\beta} + \mu_i$。观察到的用能选择 j 由 Y^* 决定，即如果连续性随机变量 Y^* 超过某个临界值 α，则对应 Y 的一个确定性选择。根据本章假设，有

$Y = 1$（初始能源）	$if\ -\infty < Y_i^* \leq \alpha_1$;
$Y = 2$（转型能源）	$if\ \alpha_1 < Y_i^* \leq \alpha_2$;
$Y = 3$（优质能源）	$if\ \alpha_2 < Y_i^* \leq +\infty$。

给定误差项 $\mu \sim N(0, 1)$，那么

$$\begin{aligned} P(Y = j \mid Income, Z) &= P(Y^* \leq \alpha_j \mid Income, Z) \\ &= P(\gamma Income + Z\boldsymbol{\beta} + \mu \leq \alpha_j \mid Income, Z) \\ &= \Phi(\alpha_j - \gamma Income - Z\boldsymbol{\beta}) \end{aligned}$$

$$(4-1)$$

通常来说，受到能源可获得性、能源可支付性、能源可靠性、能源便捷性和能源清洁性等因素的影响，居民的用能选择是受约束的，家庭收入并不是影响家庭用能选择的唯一因素。根据以往文献的分析，本章控制变量（Z）包括家庭特征、能源价格与气候条件。其中，家庭特征指家庭规模、户主受教育年限、户主年龄、户主民族、户主性别和家庭面积；能源价格，包括液化石油气价格和居民电价；气候条件即采暖度日数（Heating Degree Day 18℃，HDD18）[1]。一般来说，采暖度日数越高，说明该地区温度越低，对于取暖的需求较大。

---

[1] 采暖度日数（HDD18）是指一年中当某天室外日平均温度低于 18℃ 时，将该日平均温度与 18℃ 的差值度数乘以 1 天，所得出的乘积的累加值为全年采暖度日数。计算公式为 $HDD = \sum_j \max(0, 18 - temp_j)$，其中 $temp_j$ 为各日温度。

除户主性别与户主民族外，其他连续变量均取自然对数进行估计。

三 数据介绍

本章所采用的数据来自 CRECS 2013 和 CRECS 2014。数据详细介绍见第三章。考虑到炊事和取暖用途在中国居民用能中所占比重较高且涉及的能源品种较为丰富，同时由于多数城市已实现从传统生物质能到煤炭等能源的转型，因此本章样本范围为 CRECS 2013 和 CRECS 2014 数据中的农村样本。由于 2013 年和 2014 年时间间隔较短，本章将两年数据作为混合样本进行分析，并删除了集中供暖以及炊事取暖用途能源消费量为零的样本观测值，以及考虑各变量数据的完整度，最后剩余样本总量为 4256 户农村家庭。从剩余数据样本的地区分布来看，两次调查的农村样本不包括天津、上海、海南、内蒙古、西藏、新疆和港澳台地区。其中，东部地区、中部地区和西部地区的样本数分别占样本总数的 31.2%、36.8% 和 32%。

炊事和取暖用途所涉及的能源品种和样本量见表 4-1。根据能源阶梯的定义，能源转型是一个由初级能源向高级能源进阶的过程，所以我们将转型过程看作有序的，并将能源转型过程定为三个阶段，分别为初始能源、转型能源和优质能源。因此对被解释变量（即用能选择）的表征采用的是三个阶段的分类变量。由于家庭炊事和取暖用能通常会同时选择多种能源，因此选取该家庭在该用途中用量最高的能源（根据标准量进行比较）作为其主要使用能源。不同于炊事用途，取暖用途受地理因素影响较大，故文章还将分别对炊事用途和取暖用途进行分析。之所以将秸秆、薪柴和动物粪便归类为初始能源而非劣质能源是由于在目前中国农村能源转型的大背景下，生物质能（例如秸秆）的清洁利用成为大势所趋，此时秸秆不再是劣质能源，因而将其归类于初始能源。

表 4-1　　　　　　　　　　能源品种分类

转型过程	能源品种	全样本量	炊事用途样本量	取暖用途样本量
初始能源	秸秆、薪柴、动物粪便	2150（50.52%）	2261（53.72%）	772（35.20%）
转型能源	煤炭、木炭	983（23.10%）	206（4.89%）	1132（51.62%）
优质能源	电力、管道煤气、LPG、天然气、沼气	1123（26.39%）	1742（41.39%）	289（13.18%）
合计		4256	4209	2193

注：括号内为使用该类型能源作为主要能源的家庭所占比重。

表 4-2 为本章分析所涉及变量的描述性统计。其中，家庭人均收入的缺失值用各省人均收入填补，数据来源为《中国统计年鉴》。液化石油气价格、居民电价数据和家庭特征数据均来自 CRECS。采暖度日数以 18 度为基准度数进行计算，气温数据来自中国气象数据网数据。可以看到，样本家庭人均收入为 1.2 万元；家庭平均规模为 3.32 人；户主受教育年限普遍较低，大部分户主仅接受小学教育；房屋面积均值为 132.351 平方米；液化石油气价格和居民电价分别为每千克 7.373 元和每度 0.559 元。下表中除户主民族与户主性别两个二值变量外，其他变量均取自然对数进行估计。

表 4-2　　　　　　用能选择模型变量的描述性统计

变量	观测值	均值	标准差	最小值	最大值
全样本					
家庭人均收入（万元）	4256	1.2	1.708	0.001	33.333
家庭规模（人）	4256	3.32	1.468	1	16
户主受教育年限（年）	4256	6.49	3.728	0	19
户主年龄（岁）	4256	51.871	13.964	4	99
房屋面积（平方米）	4256	132.351	73.724	15	800
液化石油气价格（元/kg）	4256	7.373	2.041	1.7	11.429

续表

变量	观测值	均值	标准差	最小值	最大值
居民电价（元/度）	4256	0.559	0.078	0.267	0.95
采暖度日数（基准度数=18）	4256	2167.589	1326.966	249.1	6343.9
户主民族					
#汉	4256	0.913	0.282	0	1
户主性别					
#男	4256	0.753	0.431	0	1
炊事用途					
家庭人均收入（万元）	4209	1.202	1.711	0.001	33.333
家庭规模（人）	4209	3.325	1.469	1	16
户主受教育年限（年）	4209	6.501	3.724	0	19
户主年龄（岁）	4209	51.823	13.976	4	99
房屋面积（平方米）	4209	132.49	73.882	15	800
液化石油气价格（元/kg）	4209	7.367	2.047	1.7	11.429
居民电价（元/度）	4209	0.559	0.079	0.267	0.95
采暖度日数（基准度数=18）	4209	2162.613	1326.163	249.1	6343.9
户主民族					
#汉	4209	0.913	0.282	0	1
户主性别					
#男	4209	0.752	0.432	0	1
取暖用途					
家庭人均收入（万元）	2193	1.247	1.676	0.001	24.115
家庭规模（人）	2193	3.303	1.437	1	16
户主受教育年限（年）	2193	6.866	3.627	0	16
户主年龄（岁）	2193	50.947	13.391	4	99
房屋面积（平方米）	2193	123.721	67.693	15	800
液化石油气价格（元/kg）	2193	7.438	1.735	1.917	11.429
居民电价（元/度）	2193	0.544	0.066	0.267	0.933
采暖度日数（基准度数=18）	2193	2829.623	1357.032	258.3	6343.9

续表

变量	观测值	均值	标准差	最小值	最大值
户主民族					
#汉	2193	0.922	0.269	0	1
户主性别					
#男	2193	0.786	0.41	0	1

第三节　实证结果分析

一　能源品种数量的变化分析

在考察收入如何影响家庭用能选择前，本章首先对家庭能源品种数量的变化情况进行分析。如前所述，本章认为燃料品种数量会随着收入的增长呈现倒"U"型变化趋势。为进一步验证该假说，本章利用计数模型对该问题进行分析。对这一问题的讨论分析有助于厘清目前中国农村家庭能源转型所处的阶段，加深对后文家庭用能选择的理解。

在数据清理过程中，删除了能源品种数量为零的样本，最终得到观测样本数量为4256户家庭，每个家庭平均使用2.05种能源用于炊事取暖用途。考虑到收入和家庭用能都与区域地理位置高度相关，为更好地识别收入对家庭用能品种数量和用能选择的影响，我们在所有回归中控制了区县固定效应。[1] 这就相当于文章的回归考察的是在同一区县内，家庭收入的变化对用能品种数量和用能选择的影响。

---

[1] 作者将固定效应控制在区县层面而非村庄层面，有以下两个原因：一是2014年数据缺失村庄信息，若控制村庄固定效应，会损失2014年的数据样本；二是尽管2013年数据包含村庄信息，但分布于63个区县中的64个村庄，仅有两个村庄同属一个县。综合以上两方面原因，作者认为尽管控制村庄层面固定效应有助于加强识别的可靠性，但就本书数据的实际情况来看，控制村庄固定效应与控制区县固定效应的结果差异不大。

表4-3 中列（1）和列（2）均为泊松模型估计的边际效应结果。在线性模型中，人均收入对能源品种数量的影响较为显著。在加入平方项后，人均收入平方项系数显著为负且一次项系数显著为正，家庭的燃料品种数量随着收入的提高呈现先增加后减少的倒"U"型变化趋势，且拐点为3.48万元。而2014年中国农村家庭人均收入大致为1.71万元，中国农村显然仍处于拐点左侧的爬坡阶段。

这种倒"U"型关系具体表现为，在收入较低且不存在外部行政干预的情况下，居民基于其对用能成本的考量，只能选择成本较低甚至无成本的薪柴和秸秆；随着收入的增加，居民逐渐增加其用能设备并选择更高品质的燃料，但此时不会完全抛弃对较差能源的使用；而当收入达到一定高度时，居民基于对时间成本和健康成本等多方面的考虑，会放弃使用收集时间较长、燃烧效率较低且会造成室内污染的劣质能源。因此，收入的增长并未带来家庭燃料使用种类的减少，反而促进家庭能源选择的多样化。这也说明随着收入的增长，农村居民会对家庭用能结构进行优化。

表4-3　　　　　　　收入增长对燃料品种数量的影响

变量	（1）	（2）
	泊松模型（边际效应）	
ln 人均收入	0.050**	0.154**
	(0.021)	(0.068)
(ln 人均收入)²		-0.052*
		(0.028)
其他控制变量	是	是
区县固定效应	是	是
观测值	4256	4256

注：***、**、*分别表示在1%、5%、10%水平上显著，括号内为区县层面聚类标准误。

二 家庭用能选择分析

由表4-3可知，中国农村家庭还未完全实现能源结构的转型，本节将对收入如何影响能源转型进行分析。表4-4中的结果为利用定序 Probit 模型对农村居民用能选择进行回归的估计系数，回归系数的符号仅说明变量对能源选择的影响方向。列（1）为控制区县固定效应的结果，两者均在区县层面进行了标准误聚类；后三列为基于列（1）结果的各变量平均边际效应，即各变量变化对各类能源选择概率的影响程度。结果显示，本书的核心解释变量（即人均收入变量）的系数符号为正且十分显著，这说明人均收入的增加会促进农村家庭能源选择的优化。从边际效应来看，人均收入每增加1%，初始能源选择概率会降低7.4%，而选择转型能源和优质能源的概率分别提高1.7%和5.7%。这在一定程度上验证了能源阶梯理论，即人均收入的提高会促进家庭能源选择转型。

随后，选取表4-3所得拐点左侧的样本进行分析，该部分样本数为4024，为总样本的94.5%。如表4-4列（2）该结果与列（1）无显著差异。而拐点右侧即列（3）除收入变量仍显著为正外，其他变量均不再显著，该结果可能受数据样本较少的影响，但这也说明了能源阶梯假说不适用于解释该部分人群的用能选择。此外，表中Cut值对应上文定序 Probit 模型中的α值，相当于截距，用来区分家庭能源种类是属于初始能源、转型能源还是优质能源。当各解释变量的值均为0时，若隐变量的值小于-3.061，那么该家庭被划分为使用初始能源的组别；若隐变量的值在-3.061到-2.214之间，则该家庭属于转型能源组别；若隐变量值大于-2.214，则为优质能源组别。

表 4-4　　　　　　　　　　定序 Probit 模型回归基准结果

解释变量	(1) 回归系数	边际效应 初始能源	边际效应 转型能源	边际效应 优质能源	(2) 拐点左侧	(3) 拐点右侧	(4) 不含价格
人均收入	0.251***	-0.074***	0.017***	0.057***	0.305***	0.747*	0.250***
	(0.055)	(0.016)	(0.004)	(0.013)	(0.077)	(0.393)	(0.055)
LPG 价格	-0.078	0.023	-0.005	-0.018	-0.126	1.418	
	(0.192)	(0.057)	(0.013)	(0.044)	(0.191)	(2.812)	
电力价格	-0.106	0.031	-0.007	-0.024	-0.237	-0.567	
	(0.634)	(0.186)	(0.042)	(0.144)	(0.648)	(3.558)	
家庭规模	0.079	-0.023	0.005	0.018	0.096	-0.370	0.078
	(0.075)	(0.022)	(0.005)	(0.017)	(0.078)	(0.461)	(0.075)
户主受教育程度	0.147***	-0.043***	0.010***	0.033***	0.144***	0.239	0.148***
	(0.034)	(0.010)	(0.002)	(0.008)	(0.034)	(0.245)	(0.034)
户主年龄	-0.258***	0.076***	-0.017***	-0.059***	-0.229***	-0.455	-0.258***
	(0.083)	(0.024)	(0.006)	(0.019)	(0.083)	(0.582)	(0.083)
户主民族 #汉族（1—0）	0.178	-0.052	0.012	0.040	0.164	1.114	0.175
	(0.130)	(0.038)	(0.009)	(0.030)	(0.127)	(0.988)	(0.130)
户主性别 #男（1—0）	-0.060	0.018	-0.004	-0.014	-0.060	-0.241	-0.061
	(0.063)	(0.018)	(0.004)	(0.014)	(0.066)	(0.420)	(0.063)
家庭面积	0.336***	-0.099***	0.022***	0.076***	0.338***	0.464	0.337***
	(0.054)	(0.016)	(0.004)	(0.012)	(0.056)	(0.293)	(0.054)
HDD18	-0.605*	0.178*	-0.040*	-0.137*	-0.696**	9.468	-0.603*
	(0.320)	(0.094)	(0.022)	(0.073)	(0.324)	(6.584)	(0.318)
Cut1	-3.061				-3.659	67.912	-2.864
	(2.324)				(2.368)	(45.730)	(2.194)
Cut2	-2.214				-2.800	68.888	-2.016
	(2.330)				(2.373)	(45.699)	(2.197)
区县固定效应	是	是	是	是	是	是	是
观测值	4256	4256	4256	4256	4024	232	4256

注：***、**、* 分别表示在 1%、5%、10% 水平上显著，括号内为区县层面聚类标准误。

对于价格变量，液化石油气价格和电力价格的系数尽管并不显著，但系数符号均为负，与我们的预期是一致的，即优质能源价格上升会降低使用优质能源的概率。两类价格系数均不显著可能是因为在控制区县固定效应后，价格变量在区县内的差异较小，这使得我们无法得到对价格变量较为准确的估计系数。表4－4中列（4）为不包含能源价格变量的估计结果，很明显可以看到其与列（1）不存在显著差异。

对于家庭特征变量，户主受教育程度和家庭面积的增加都会使得居民更倾向于选择优质能源。其中，户主受教育程度在一定程度上与家庭的经济社会地位相关，因此受教育年限每提高1%，家庭使用优质能源的概率提高3.3%；家庭面积也与家庭经济状况关系十分密切，面积每扩大1%，选择优质能源的概率会显著提升7.6%。而户主年龄越高的家庭使用优质能源的概率越低。就年龄对能源选择的影响来说，一方面，新技术使用瓶颈会约束年龄较高人群对优质能源的使用。例如，老年人对使用优质能源的设备使用并不熟练，这大大降低了家庭选择优质能源的概率。在调研中曾有老年受访者提到使用燃气灶不安全的问题，即使家中安装了燃气灶也仍会继续使用柴火灶。另一方面，老年户主的成本意识更强，优质能源的高价特征可能也是阻碍老年户主选择的主因。采暖度日数的估计系数符号显著为负说明气候越寒冷地区采暖需求大，家庭考虑到成本负担，选择优质能源的概率则越低。另外，户主性别与户主民族对能源选择的影响并不明显。

此外，本书还利用分数回归模型（Fractional Model）重新构建了实证模型，考察各因素分别对各种能源占比的影响。由于被解释变量为[0,1]的比重值，因此采用分数响应回归模型（Fractional Response Regression）进行估计，表中边际效应表示各变量每变动一个单位，各类能源所占比重的变化。结果如表4－5所示，收入的增加会降低初始能源消费比重并提高优质能源占比，对转型能源比重的影响并不显著。总体来看，结果与定序Probit模型结果差异不大。

表4-5　　　　　　　　　　比重回归模型估计结果

解释变量	（1）初始比重 回归系数	（1）初始比重 边际效应	（2）转型比重 回归系数	（2）转型比重 边际效应	（3）优质比重 回归系数	（3）优质比重 边际效应
人均收入	-0.246***	-0.070***	0.016	0.003	0.264***	0.064***
	(0.053)	(0.015)	(0.060)	(0.011)	(0.045)	(0.011)
LPG 价格	0.033	0.009	-0.065	-0.012	-0.016	-0.004
	(0.164)	(0.047)	(0.212)	(0.039)	(0.181)	(0.044)
电力价格	0.103	0.029	0.281	0.051	-0.289	-0.070
	(0.554)	(0.157)	(0.693)	(0.127)	(0.576)	(0.139)
家庭规模	-0.135**	-0.038**	0.087	0.016	0.087	0.021
	(0.066)	(0.019)	(0.071)	(0.013)	(0.069)	(0.017)
户主受教育年限	-0.127***	-0.036***	0.010	0.002	0.157***	0.038***
	(0.030)	(0.009)	(0.039)	(0.007)	(0.039)	(0.009)
户主年龄	0.274***	0.078***	-0.030	-0.005	-0.279***	-0.067***
	(0.077)	(0.022)	(0.081)	(0.015)	(0.084)	(0.020)
户主民族#汉族（1—0）	-0.141	-0.040	0.051	0.009	0.141	0.034
	(0.103)	(0.029)	(0.141)	(0.026)	(0.102)	(0.025)
户主性别#男（1—0）	0.038	0.011	0.050	0.009	-0.092	-0.022
	(0.054)	(0.015)	(0.071)	(0.013)	(0.058)	(0.014)
房屋面积	-0.332***	-0.094***	0.304***	0.056***	0.160***	0.039***
	(0.046)	(0.013)	(0.060)	(0.011)	(0.052)	(0.013)
HDD18	0.476*	0.135*	0.390	0.071	-0.671**	-0.162**
	(0.267)	(0.076)	(0.284)	(0.052)	(0.283)	(0.068)
常数项	-1.982		-10.202***		4.253**	
	(1.954)		(2.091)		(2.081)	
区县固定效应	是	是	是	是	是	是
观测值	4256	4256	4256	4256	4256	4256

注：***、**、*分别表示在1%、5%、10%水平上显著，括号内为区县层面聚类标准误。

三　家庭用能选择的异质性分析

表4-6为区分炊事用途和取暖用途分别进行分析的结果。结果

显示，收入增加会减少家庭在烹饪过程中使用秸秆的概率，增加使用优质能源的概率；从边际效应来看，人均收入每增加1%，初始与优质能源的选择概率分别降低8.9%与提高8.6%。对于取暖用途来说，收入对用能选择的影响并不显著，但符号与预期一致。笔者认为该现象的原因在于取暖用途呈现很强的路径依赖。室内温度通常需要通过持续取暖来维持，但长期使用像空调和电暖器这类大功率取暖设备，其成本会远高于农村家庭可负担水平。而收入只是影响可负担性的一个方面，另一方面还取决于能源价格与能源可获得性。因此，取暖用途中收入对能源升级的影响有限，很难像炊事用途那样出现自发性的能源爬坡。非自发性的能源升级更多的还是需要政府从成本负担角度着手，一方面降低居民用能成本，另一方面从技术创新角度出发，提高取暖用电设备效率，降低用电量。

表4-6　　　　　　　　不同用途下收入对能源选择的影响

解释变量	(1)	炊事用途边际效应			(2)	取暖用途边际效应		
		初始能源	转型能源	优质能源		初始能源	转型能源	优质能源
人均收入	0.320***	-0.089***	0.003***	0.086***	0.057	-0.015	0.007	0.008
	(0.058)	(0.016)	(0.001)	(0.015)	(0.088)	(0.024)	(0.011)	(0.012)
其他控制变量	是	是	是	是	是	是	是	是
区县固定效应	是	是	是	是	是	是	是	是
观测值	4209	4209	4209	4209	2193	2193	2193	2193

注：***、**、*分别表示在1%、5%、10%水平上显著，括号内为区县层面聚类标准误。

为进一步考察家庭用能选择的异质性特征，文章基于表4-5中列（1）的结果，考虑不同地区气候、资源禀赋和经济收入的差异，估计了不同地理分区对各类燃料的选择概率。如表4-7所示，对于全样本的估计结果，华南和华东地区经济较为发达，人均收入水平较高，家庭选择优质能源的概率最高，达到了0.4以上；而西南和东北地区由于森林资源和秸秆资源丰富，其选择生物质能进行炊事、取暖的概率较高。对于炊事用途，由于多数家庭并不使用散煤烹饪，故各地区使用煤的概率都较低。对于取暖用途，华南地区处于夏热冬暖的气候区，对取暖基本无需求，即使取暖也会选择最为便捷的现代商品能源；而东北和西北地区处于严寒区，若选择优质能源，则面临巨大的用能成本，故东北地区家庭会更多地选择初始能源；华北地区与我们的直觉一致，燃煤概率最高。燃料选择的地区差异在一定程度上也反映了中国经济发展程度差异对燃料选择的影响。

表4-7 不同地理分区家庭对各类能源的选择概率

	华东地区	华南地区	华北地区	华中地区	东北地区	西南地区	西北地区
炊事和取暖用途全部样本							
初始能源	0.332	0.289	0.425	0.453	0.726	0.660	0.622
转型能源	0.216	0.170	0.288	0.245	0.190	0.194	0.227
优质能源	0.452	0.541	0.287	0.302	0.084	0.145	0.151
炊事用途样本							
初始能源	0.398	0.357	0.379	0.504	0.679	0.719	0.674
转型能源	0.048	0.04	0.049	0.054	0.057	0.043	0.047
优质能源	0.554	0.603	0.571	0.441	0.264	0.238	0.278
空间取暖用途样本							
初始能源	0.207	0.0005	0.183	0.254	0.625	0.317	0.522
转型能源	0.492	0.0005	0.659	0.467	0.363	0.501	0.448
优质能源	0.301	0.999	0.158	0.28	0.012	0.182	0.031

四 "煤改电"政策与能源阶梯

上文的分析均采用 2013 年和 2014 年农村家庭数据，此时散煤治理政策还未大范围推广。因而，本节将采用 CRECS 2016 北京市的农村家庭数据，考察"煤改电"政策对能源阶梯假说存在性的影响，即收入对用能选择的影响在受政策干预与不受政策干预的家庭中是否存在差异。CRECS 2016 北京卷于 2017 年 6 月至 2017 年 8 月对北京地区农村和郊区家庭开展调查，有效问卷数为 3949 户家庭。因此处仅考虑"煤改电"政策的影响，在剔除了受"煤改气"和优质燃煤替代政策影响的家庭后，仅剩下受"煤改电"政策干预以及不受任何散煤治理政策干预的样本 1525 户，其中受政策影响的家庭 579 户。本部分的估计方程在公式 4-1 的基础上进行修改。为进一步考虑该政策如何调节收入对用能选择的影响，我们加入了两者的交互项。为更方便地看出处理组和控制组受影响的程度，将模型设置如下，其中 D 为是否受"煤改电"政策影响，$D=1$ 为受政策干预，$D=0$ 则不受政策干预。

$$\begin{aligned} P(Y=j \mid Income, Z) &= P(Y^* \leq \alpha_j \mid Income, Z) \\ &= P[\delta_1 D + \delta_2 Income \times D + \delta_3 Income \times (1-D) + \\ &\quad Z\boldsymbol{\beta} + \mu \leq \alpha_j \mid Income, Z] \\ &= \Phi[\alpha_j - \delta_1 D - \delta_2 Income \times D - \delta_3 Income \times (1-D) - Z\boldsymbol{\beta}] \end{aligned}$$

(4-2)

此时，收入在处理组与控制组中对农村家庭用能选择的影响则分别如下所示：δ_3 和 δ_2 分别为控制组和处理组中收入对用能选择的影响。此处的估计控制了各村的固定效应，但由于北京市商品能源价格以及采暖度日数在各个村内的差异较小，因而本节的估计未包括能源与价格和气候因素。

$$Y^* = \begin{cases} \delta_3 Income + Z\boldsymbol{\beta} + \mu & \text{if } D=0 \\ \delta_1 + \delta_2 Income + Z\boldsymbol{\beta} + \mu & \text{if } D=1 \end{cases}$$

估计结果见表 4-8。列（1）为公式 4-2 的估计结果，后三项为边际效应；列（2）和列（3）分别为收入对电力消费量和煤炭消费量的影响，即被解释变量不再为分类变量，而是消费的连续变量。当不受政策干预时，人均收入对能源阶梯的影响十分显著，且与预期一致，即收入的增加会提高优质能源使用概率，降低其他能源概率；而在政策干预下，人均收入对用能选择的影响虽然符号与预期一致，但都不再显著。从列（2）和列（3）的结果中同样可知，受政策干预组别的收入对电力消费和煤炭消费的影响不显著，而控制组的收入增加确实会促进家庭对电力的消费，减少对煤炭的消费。参照 Rajan 和 Zingales（1998）对交互项的讨论，本书认为两个组别存在差异的结果也在一定程度上验证了收入与用能选择间的因果关系。当政策干预时，收入效应不再发挥作用；而不受政策干预的组别，收入增加仍是其进行用能优化的重要驱动力。不同于表4-6的回归结果，在该样本中收入对用能选择的影响变得显著。这可能是由于表4-6是基于全国样本的分析，而南北方农村家庭的取暖差异较大；表4-8则仅为北京农村家庭的样本分析，其他方面的异质性较小，从而导致两者结果出现差异。

从政策效果来看，该结果也说明了政府的能源替换政策（即要求散煤"一刀切"的完全退出并拆除燃煤设备的做法），在一定程度上并不科学，这违背了家庭用能选择的客观规律。在这种情况下，一方面，单纯依靠政府干预来实现能源转换会受到多种能源供给、能源价格等因素的制约，这使得能源转型效果不如预期；另一方面，政府干预耗费了大量的财政资源，这不仅加重了财政负担，也挤出了原本可用于其他领域的支出。而在不受政策干预的情况下，家庭能源阶梯的实现更多的是一个随收入增长变化的渐进式过程。

表4-8　　　　　　　"煤改电"政策对能源阶梯的影响

解释变量	(1)	边际效应			(2)	(3)
		初始能源	转型能源	优质能源		
D	1.751***	-0.297***	-0.149***	0.446***	4.120***	-3.793***

续表

解释变量	(1)	边际效应			(2)	(3)
		初始能源	转型能源	优质能源		
	(0.370)	(0.059)	(0.026)	(0.079)	(0.567)	(0.694)
人均收入*D	0.275	-0.047	-0.023	0.070	0.190	0.111
	(0.220)	(0.038)	(0.019)	(0.057)	(0.206)	(0.279)
人均收入*(1-D)	0.647***	-0.110***	-0.055***	0.165***	0.556**	-0.903***
	(0.156)	(0.030)	(0.015)	(0.044)	(0.255)	(0.298)
其他控制变量	是	是	是	是	是	是
村固定效应	是	是	是	是	是	是
观测值	1525	1525	1525	1525	1525	1525

注：***、**、*分别表示在1%、5%、10%的水平上显著，括号内为村层面聚类标准误。

根据《民用水暖煤炉通用技术条件》2016年报批稿，燃煤取暖采用的传统燃煤炉具，其热效率为40%，煤的发热值为5000 kcal/kg，价格为600元/吨，煤所带来的每单位发热量价格为0.0003元/kcal。对于电取暖，电力的发热值为860 kcal/千瓦时，电供暖设备热效率为80%，"煤改电"政策中谷段优惠电价为0.3元/千瓦时，此时电取暖的每单位发热量价格为0.0004元/kcal。需要说明的是，由于不同设备的热效率存在差异，故此处是以每单位有效发热量进行衡量的，即消费者真正能够获得的热量。

假定单个家庭的商品消费分为取暖热量（H）与其他商品（C），C可以看作消费者用来购买其他所有商品的货币，等同于把其他商品的价格设定为1，同时家庭消费受收入I的约束。家庭从取暖热量和其他商品组合（H，C）中获得的效用可以表示为$U(H, C)$（见图4-4）。在未受政策干预时，家庭的预算约束线为I_0，其所面临的无差异曲线为U_0，消费者的均衡为A点，对应的商品消费组合为（H_0，C_0）。由于"煤改电"政策的实施，取暖热量的能源提供由煤转为电，此时取暖热量的价格由p_0上升至p_1，进而预算约束线向内旋转，此时受政策干预家庭的均衡点变为 B 点。若消费者想要在取暖热量价格上升的情况下，保持现有的效用不比政策干预前更差，则需要一定的收入补偿使收入预算线变为 I_1，相应的补偿性变化为 $CV = E(p_0, U_0) - E(p_1, U_0)$。从图 4-4 中可以明显看出，在政策干预的情况下，若要使居民效用至少维持在现有水平，就需要一定的资金投入来补偿；而未受政策干预的家庭，其效用仍维持在之前的水平。也就是说，从实际获得的热量来看，"煤改电"在一定程度上恶化了居民的取暖效用，此处并未涉及对空气污染等负外部性的考量。换句话说，"煤改电"政策在实现能源结构升级方面取得了积极效果，但会对居民自身福利造成一定程度的损失。

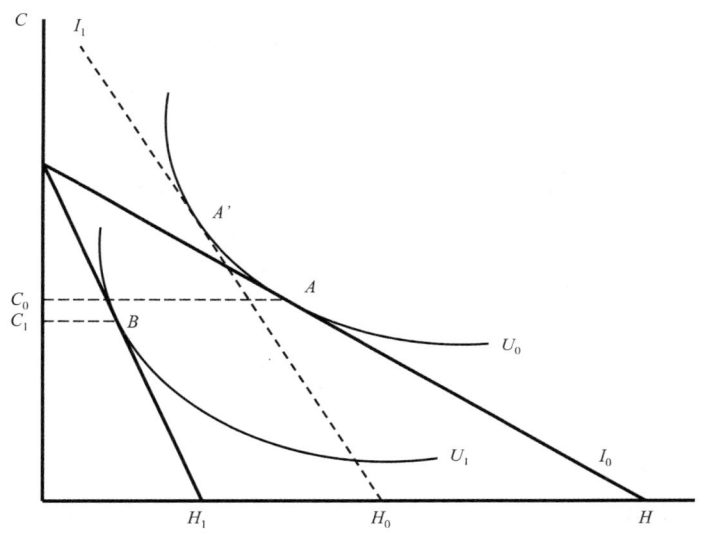

图 4-4 政策干预前后消费者均衡变化

第四节 本章小结

本章利用 CRECS 数据对中国农村家庭的用能选择问题和"煤改电"政策进行了分析。具体而言，本书探讨了能源堆叠与能源阶梯假说，考察了居民能源转型过程中的收入效应对家庭用能选择概率的影响。在此基础上，刻画了收入效应在不同能源用途和政策干预下的影响差异。本章有以下几点发现：（1）随着收入的增加，居民用能品种数量会呈现先上升后下降的倒"U"型变化趋势，但是不能仅以能源种类的多样性否定能源阶梯的存在。能源阶梯假说与能源堆叠假说并不矛盾，家庭会随着社会经济地位的不断提升趋向于使用更优质的能源，但受限于价格、供给等因素，并不会完全放弃初始能源。（2）能源阶梯理论在中国农村地区具有适用性，家庭收入的提升能够助力居民用能的转型升级。（3）与已有文献的结论相比，本书发现对于取暖用途来说，考虑到中国居民部门的能源价格黏性，提高价格接受者的支付能力更为重要。炊事用途能随着收入提高自发地进行能源的升级转型，而取暖用途中收入效应并不显著，其能源转型难度较大。（4）政策干预影响了家庭向更优质能源阶梯的爬升。在政策干预情况下，收入增长对用能选择的影响不显著；而在未受政策干预的情况下，收入能够显著促进能源转型。

　　本章识别出中国能源阶梯的存在性对于政策制定者进行政策选择具有十分重要的意义。能源阶梯假说在中国农村地区得到验证意味着高收入地区和高收入人群能够基于自身意愿去选择更加优质的能源，通过收入的增长可以实现能源品质的改善；而收入较低的地区和人群由于受到收入水平、能源价格等因素的制约，能源升级的难度较大。本章认为能源转型是随着社会经济水平提高而自发进行能源替代升级的过程。收入水平会显著影响居民用能选择，但同时也需要考虑能源价格、能源可获得性、家庭自身特征等因素。2017年冬季，华北地区"煤改气"的一系列事实说明了若一味地由政府采取"一刀切"政策推进能源替代，忽略家庭特征和能源供需现状，能源替代并不能取得预期的效果。若取消目前散煤治理政策中的燃料价格补贴，则政策效果的可持续性是存疑的。家庭能源替代更多的应是自下而上的行为，而非政府采取政策倒逼所能实现的。在目前的情况下，取暖用途的能源转型更多的要依靠政府创新价格机制设计、推进技术升级、提高用能设备的能源效率。但放眼目前中国农村地区的能源转型事实，在基础设施建设尚未完善的情况下，向优质商品能源转型的条件还并不具备，传统生物质能的清洁利用成为大势所趋，因此农村能源转型更加需要具体问题具体分析。

第 五 章
散煤治理政策的能源转型效果评估

能源替代已成为中国防治空气污染的政策工具之一，目前中国已推广实施了一系列该类项目和政策来推动能源的替代转型。但鲜有学者对该类政策之于家庭的能源选择效果进行评估。本章将利用散煤替代政策这一准实验，基于微观调查数据从能源清洁性和能源充裕度两个方面考察家庭能源替代政策的效果。除了对散煤治理政策的平均影响进行研究外，本章还对政策异质性进行了分析。

本章框架结构安排如下。第一节为前言，介绍政策的实施背景和实施情况。第二节简要介绍了本章所使用的住户调查数据以及研究方法。第三节描述了政策效果以及有效能和室内空气污染变化的实证研究结果。第四节为本章小结，总结了本书的研究结论以及政策启示。

第一节 前 言

目前，全球有超过30亿人将传统生物质能和煤炭作为炊事和空间取暖的主要燃料来源，且大多分布在发展中国家[①]，尤其是农村地

---

① 数据来源：World Health Organization, *WHO Guidelines for Indoor Air Quality: Household Fuel Combustion*, WHO/FWC/IHE/14.01, November 24, 2014。

区。农村家庭通常由于无法负担优质商品能源带来的高昂用能成本，并且难以找到低廉的清洁能源进行替代，传统固体燃料成为农村家庭用能的唯一选择。然而，传统固体燃料的低效使用会造成严重的环境空气污染并对人体健康构成巨大威胁（World Health Organization，2018）。但目前传统固体燃料燃烧带来的空气污染排放在发展中国家并未得到重视。作为联合国可持续发展目标之一，"确保获得负担得起的、可靠的、可持续的和现代的能源"是实现几乎所有其他目标的关键步骤，这一能源目标的作用主要体现在能够通过改善健康、教育条件和缓解性别不平等来消除贫困以及能够应对环境破坏和气候变化（United Nations，2021）。而扩大家庭获得质优价廉的燃料渠道是解决这些问题的重中之重，家庭能源替代和能源转型成为实现这些目标的重要手段之一。

过去几年的冬季，雾霾笼罩了中国的多个地区，以 PM10 和 PM2.5 排放为特征的区域空气污染问题日益突出。在这种情况下，中国政府采取了一系列措施来防治空气污染，包括制定了居民部门的能源替代政策，而这为本章研究提供了一个良好的机会来研究行政命令式的居民部门能源替代政策的实施效果。2013 年，国务院印发了《大气污染防治行动计划》，其中煤炭控制是该行动计划的关键部分，具体采取的措施包括诸如用天然气或电力替代散煤以及在居民部门建立清洁煤配送中心等。该行动计划的颁布是中国在污染攻坚战过程中的关键里程碑，在该计划颁布之后的几年中，中国陆续制定了一系列有关家庭燃料替代的政策。从已颁布的政策来看，散煤替代政策（尤其是针对供暖季的散煤替代政策）已成为防治中国空气污染的关键措施。根据中国自然资源保护协会估计，2015 年，中国农村地区约有 2 亿吨散煤用于取暖。Liu 等（2016）研究发现，与其他用能部门相比，通过用清洁能源替代固体燃料来减少居民部门的排放可以显著改善京津冀地区的空气质量。对于供暖季的散煤治理政策来说，清洁不再是政策实施的唯一目标，而是要在保障居民取暖需求的前提下，实现清洁供暖。

"煤改气"和"煤改电"是居民部门散煤治理政策的两种主要形式，而对于不具备条件进行"煤改气"和"煤改电"的地区，则采取优质燃煤替代形式。目前散煤治理政策的重点区域是"2+26"城市，即京津冀大气污染传输通道城市。根据政策规定，禁煤区居民不得在供暖季使用散煤取暖，而只能选择天然气或电力进行替代，但政府会给予持续三年的财政补贴。另外，国家和地方政府还会对取暖设备给予设备购置补贴。对于不具备条件进行煤改的地区，政府明令禁止销售劣质煤，当地居民只能购买优质煤用于取暖。

然而，一系列事实说明了目前的散煤治理政策存在问题。例如，2017年冬季，中国北方和全国的天然气短缺分别达到48亿立方米和113亿立方米（Li，2018）。天然气供应不足使天然气价格上涨，即使提供了财政补贴，供暖成本也超出了家庭的承受范围。因此，若能源供给持续不足，那么当三年后补贴取消时，家庭可能仍旧会回归到对传统固体燃料的使用。此外，电力和天然气基础设施发展缓慢也阻碍了一些农村地区的散煤替代进展。在各方面问题和挑战叠加的情况下，对政策有效性的探讨显得十分必要，即该政策是否真的实现了充足的清洁供暖？尽管已有部分研究广泛地讨论了该政策对健康和环境的影响，但是由于数据的可获得性，很少有研究量化对家庭用能结构的影响，而这一点与居民福利密切相关。

基于此，本章将利用微观数据评估散煤替代政策对家庭能源消费行为的影响，并从保障取暖需求和实现清洁供暖的角度探讨政策的有效性。

第二节 方法与数据介绍

一 数据描述

本书数据来自中国家庭能源消费调查（CRECS 2016）中的北京地区样本。CRECS 2016北京卷于2017年6月至2017年8月对北京地区农村和郊区家庭开展调查，所收集的信息为家庭在 2016 年的各项情况，包括基本人口统计特征、房屋特征、供暖设备特征及家庭对设备的使用特征、对散煤治理政策的了解和参与情况以及对该政策的基本态度。CRECS 2016 北京卷利用分层抽样的方法确定了北京市 200 个村，并利用随机数抽样方法在每个村平均抽取了 22 个家庭，最后有效问卷数为 3949 份。为说明本章所使用数据能够完全代表北京 2016 年的农村情况，表 5-1 选取了部分变量对 CRECS 2016 年数据与 2016 年北京农村官方统计数据进行了比较，从人均收入和人均住房面积来看，两者并不具有显著差异，这在一定程度上说明了 CRECS 2016 数据的代表性。

表 5-1　　　　　CRECS 2016 数据与官方数据比较

变量	CRECS 2016	官方数据
人均可支配收入（元）	23103	22310
人均养老金或退休金收入（元）	2822	2715
人均财产性收入（元）	1444	1350
人均住房面积（平方米）	40.1	44.5

资料来源：《2017 北京统计年鉴》。

根据第三章介绍的方法，可以通过供暖设备的使用信息（包括使用频率、使用时间、设备的输出功率等）来估算家庭用于取暖的能源消费。根据估计结果，2016 年，北京农村地区（包括郊区）分户供暖家庭的每户平均能源消费量为 713 kgce，而北京农村地区（包括郊区）的集中供暖能耗为每户 421 kgce。图 5-1 为 2016 年北京农村地区供暖需求的能流图（亦称桑基图）。可以看到，煤炭是北京农村家庭供暖需求最主要的能源来源，而薪柴、天然气和电力紧随其后。锅炉、炕、采暖火炉和壁挂炉是北京农村家庭能耗最高的四种取暖设备。

CRECS 2016 北京卷中涉及散煤替代形式包括三种，即"煤改电""煤改气"和优质燃煤替代。但其中参与了"煤改气"政策的

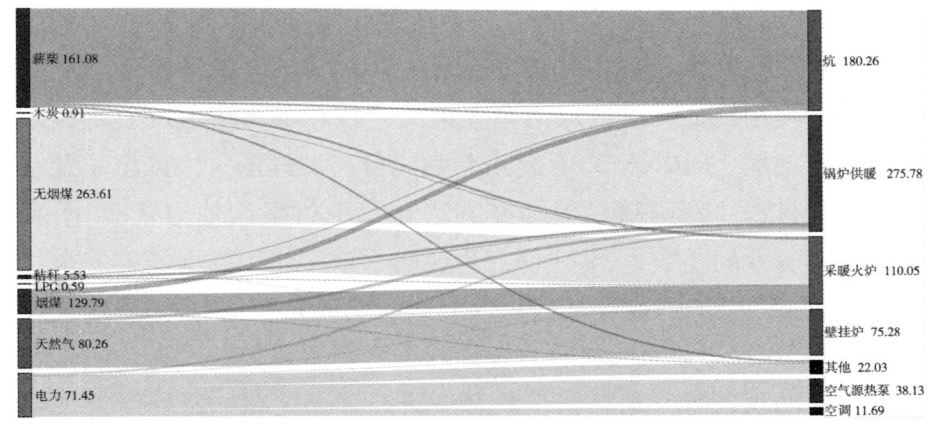

图 5-1 2016 年北京农村地区供暖需求能流图（单位：kgce）

样本数量极为有限，会对估计产生影响。因此，本章将主要着眼于对"煤改电"和优质燃煤替代政策进行分析。为了避免家庭同时受到多种政策的影响，下文的分析中删除了同时受到多种政策干预的家庭以及使用集中供暖的家庭。

二 实证估计方法

散煤治理政策目前已在北京多个村庄实施。由于村庄是否实施散煤政策是由上级决策者决定的，因此与随机对照试验（Randomized Controlled Trial，RCT）相比，这项政策更像是一种准实验设计。随机性的缺乏使得选择偏差问题较为严重。例如，受该政策干预的家庭可能通常比未受该政策干预的家庭消费更多的煤炭，或者各村庄自身离能源点的距离远近差异都会影响到最终是否能够受到政策干预。因此，简单直接地对受政策干预和不受政策干预家庭的平均能源消耗量进行对比并不可行。在这种情况下，由于没有考虑共同的支撑假设（即对照组和实验组的相似性），OLS 回归不适用于估计处理效应。

双重差分方法（Difference in Difference，DID）、断点回归（Regression Discontinuity Design，RDD）和倾向匹配得分方法（Propensity Score Matching，PSM）都是较为常见的几种用于估计干预或冲击的处理效应的分析方法。方法之间各有利弊。但因为我们的问卷问题仅包括干预后的情况调查，并未对干预前的情况进行调查，同时各个村庄是否接受散煤治理政策干预并不是根据收入或者能源消费量的情况决定的，因此并不存在断点，而且由于样本量的限制，地理位置上的断点回归设计也很难实现。综合考虑，尽管 PSM 方法并不能有效地解决内生性等问题，但从 DID 和 RDD 等方法的可行性来看，PSM 方法是在当前数据条件下对该问题进行分析的次优选择。

PSM 是一种在匹配基础上进行反事实推断的方法（Rosenbaum，Rubin，1983；Heckman，et al.，1998）。它假定每个个体都应该有可观测结果和未观测到的结果。如表 5-2 所示，对于干预组中的个体而言，反事实结果是这些个体没有受到政策干预的潜在结果（$E[Y_0 \mid D=1]$）。对于未受到干预的个体（即控制组），反事实结果就是如果受到干预（$E[Y_1 \mid D=0]$）。对政策干预的平均处理效应的标准估计应该是实验组的可观测结果与反事实结果之差。但很显然，潜在的反事实结果并不存在。

表 5-2　　　　　　　　　　　反事实推理示意

组别	Y_1	Y_0
干预组（D = 1）	可观察 $E[Y_1 \mid D=1]$	反事实 $E[Y_0 \mid D=1]$
控制组（D = 0）	反事实 $E[Y_1 \mid D=0]$	可观察 $E[Y_0 \mid D=0]$

在无法获得干预组反事实结果的情况下，匹配的方法可以帮助找到恰当的对照控制组，此时可以使用控制组的可观测结果来替代实验组的反事实结果。PSM 方法通过倾向得分来匹配样本中的实验组和对照组。也就是说，在给定的一组可观测的协变量条件下，根据 Probit 模型或者 Logit 模型回归得到家庭受到政策干预的预测概率。对照组中倾向得分低于实验组最低得分，或者得分高于实验组最高

得分的个体将不被纳入结果分析。因此，PSM 中十分关键的步骤是协变量的选取，这直接关系到如何控制组别间差异来使两组具有可比性。样本匹配后，两组之间结果的差异就是政策对于实验组的平均处理效应。然而，不同个体对政策干预会有不同反应，平均处理效应分析不足以全面地说明政策干预效果。为进一步研究处理效应的异质性，本章还使用了匹配平滑方法（Matching—Smoothing，MS—HTE），该方法可以保留个体层面信息来分析处理效应的异质性（Xie, eds., 2012）。

对于协变量的选择，这些变量不仅要影响政策干预选择，还需要对所研究的能耗结果产生影响，同时，用于匹配的协变量要不受政策干预影响。处理变量是一个二元变量，表示家庭是否接受了政策干预，结果变量包括家庭的用电量、烟煤和无烟煤消费量。散煤治理政策除了直接影响电力和煤炭的消费外，居民还可能会基于价格效应选择更加低廉的替代品或者更易获得的燃料（例如，木柴或秸秆等）来代替煤炭。因此，文章还将分析政策干预对家庭薪柴消费量的影响。

基于以上所述，本章选择了人口统计学协变量和生房特征协变量。遵循能源阶梯理论，经济协变量也应包括在内。具体而言，影响能源选择的基本人口协变量包括家庭规模、户主性别、户主年龄以及户主受教育程度。本节还考虑了家庭结构，即家庭中是否有老年人或孩子（Sardianou, 2008）。对于房屋特征变量，选择了住宅面积、住宅建筑年代、住宅属性以及住宅是否已进行了隔热改造。气候因素会影响居民的家庭取暖行为，但因为本章的样本区域仅包括北京，且数据仅是 2016 年的横断面数据，这意味着样本没有明显的时空差异，因此可以不考虑气候条件的影响。此外，我们还考虑了取暖设备的数量，取暖设备的多样性会影响能源的选择，而设备的数量则会影响能源的消费量。

表 5-3 列出了采取"煤改电"和优质燃煤替代两种散煤治理形式的家庭基本情况和能源消费情况。我们将烟煤煤球、烟煤蜂窝煤

和型煤煤块合并为烟煤,将无烟煤煤球和无烟煤蜂窝煤作为无烟煤。受"煤改电"政策干预和未受政策干预的家庭比例为45%,而优质燃煤替代政策的比例为69%。除了优质燃煤替代政策中的薪柴消费量($p-value = 0.357$)以外,结果变量之间存在显著差异($p-value = 0.000$)。尽管两个组别在部分人口统计特征之间较为相似,但家庭收入和房屋特征等协变量的t统计量表明干预组与对照组之间存在显著差异,这意味着目前的两组样本由于各个方面差异较大,并不具备可比性,也就是说干预组与对照组之间的这种简单比较不能被当作政策的整体干预效果,故而必须使用匹配方法以获得更可靠的结果。

表5-3　　　散煤替代政策干预组与对照组的描述性统计

变量	对照组 观测值	对照组 均值	干预组 观测值	干预组 均值	t统计量[c]
A. "煤改电"政策					
结果变量					
电力(kgce)	971	40.32	440	404.46	-20.6***
烟煤(kgce)	971	267.16	440	43.89	7.35***
无烟煤(kgce)	971	240.82	440	7.12	9.55***
薪柴(kgce)	971	273.87	440	79.03	5.05***
家庭特征					
家庭收入(元)	971	71689.8	440	96384.9	-2.4**
家庭规模(人)	971	3.61	440	3.74	-1.3
户主性别(0—1)	971	0.84	440	0.82	0.6
户主受教育程度[a]	971	2.11	440	2.04	1.25
户主年龄(岁)	971	57.38	440	57.5	-0.15
家庭人口结构(家中是否有老年人或小孩,0—1)	971	0.72	440	0.75	-1.1
房屋特征					

续表

变量	对照组 观测值	对照组 均值	干预组 观测值	干预组 均值	t 统计量[c]
A. "煤改电"政策					
房屋隔热改造（是否进行改造，0—1）	971	0.76	440	1.09	-4.9***
房屋面积（平方米）	971	139.34	440	180.93	-5.6***
房屋产权[b]	971	1.11	440	1.03	3.6***
房屋年限（年）	971	20.75	440	20.26	0.6
取暖设备数量（个）	971	1.36	440	1.68	-5.4***
B. 优质燃煤替代政策					
结果变量					
电力（kgce）	999	39.28	692	8.46	4.25***
烟煤（kgce）	999	266.53	692	142.76	4.7***
无烟煤（kgce）	999	238.67	692	893.07	-14.6***
薪柴（kgce）	999	273.82	692	242.02	0.9
家庭特征					
家庭收入（元）	999	70453.9	692	70193.5	0.05
家庭规模（人）	999	3.61	692	3.5	1.3
户主性别（0—1）	999	0.83	692	0.86	-1.25
户主受教育程度	999	2.1	692	1.96	3.1***
户主年龄（岁）	999	57.41	692	58.11	-1.15
家庭人口结构（家中是否有老年人或小孩，0—1）	999	0.72	692	0.72	0.05
房屋特征					
房屋隔热改造（是否进行改造，0—1）	999	0.75	692	0.67	1.7*
房屋面积（平方米）	999	139.01	692	179.36	-5.1***
房屋产权	999	1.13	692	1.05	3.95***
取暖设备数量（个）	999	1.36	692	1.57	-4.65***

注：a. 0＝未入学；1＝小学及以下（含文盲）；2＝初中；3＝高中/职高/中专/技校；4＝大专或高职；5＝大学本科；6＝硕博研究生。b. 1＝自家的房；2＝借住别人的房（不付定金）；3＝租住房屋。c. ***、**、*分别表示在1%、5%、10%水平上显著。

第三节 估计结果

一 散煤治理政策对家庭能源消费的影响

本节以 OLS 的估计结果为研究起点来观察政策干预效果（见表 5-4），表中分别比较了包括控制变量和不包括控制变量的估计结果。很显然，在优质燃煤替代政策中，除薪柴消费外，政策干预效果对其他能源品种的影响都十分显著（$p=0.000$），但是当考虑控制变量时，影响程度与未考虑控制变量的结果差异较大。政策干预变量的系数符号与我们预期的一致，即"煤改电"政策提高了供暖季节的家庭用电量，而减少了家庭煤炭消费与薪柴消费量；优质燃煤替代政策则提高了无烟煤消费量，降低了其他能源消费量。

表 5-4　　　　　　　　基于 OLS 回归的估计结果

	电力	电力	烟煤	烟煤	无烟煤	无烟煤	薪柴	薪柴
A. "煤改电"政策
处理变量	364.136***	329.853***	-223.276***	-300.288***	-233.702***	-283.451***	-194.835***	-222.433***
	(23.401)	(20.096)	(22.820)	(31.157)	(16.921)	(22.888)	(35.190)	(37.951)
常数项	40.323***	-103.706	267.164***	-289.148**	240.819***	-18.841	273.867***	51.522
	(6.027)	(78.068)	(19.733)	(116.948)	(16.307)	(102.573)	(22.972)	(181.469)
控制变量	否	是	否	是	否	是	否	是
观测值	1411	1411	1411	1411	1411	1411	1411	1411
B. 优质燃煤替代政策
处理变量	-30.814***	-37.423***	-123.767***	-162.976***	654.398***	472.860***	-31.797	-30.814***
	(6.170)	(7.712)	(24.574)	(29.313)	(51.271)	(30.890)	(34.504)	(6.170)
常数项	39.276***	52.084*	266.529***	32.723	238.670***	-548.346***	273.822***	39.276***
	(5.861)	(31.364)	(19.284)	(104.574)	(15.955)	(130.695)	(22.618)	(5.861)

续表

	电力	电力	烟煤	烟煤	无烟煤	无烟煤	薪柴	薪柴
B. 优质燃煤替代政策									
控制变量	否	是	否	是	否	是	否	是
观测值	1691	1691	1691	1691	1691	1691	1691	1691

注：***、**、* 分别表示在1％、5％、10％水平上显著，括号内为稳健标准误。

如上文所提到的，由于干预组和对照组缺乏共同支撑，采用 OLS 估计方法会带来结果的偏误，因此需要采用匹配方法来获得更加可靠的结果。倾向匹配方法中有多种算法可以用于匹配，不同算法的匹配程度各不相同。根据 Asensio 和 Delmas（2017），在各种算法中，我们选择匹配结果中中位数偏差最小的算法。对于"煤改电"政策，为了提高组别间的匹配度，除了加入上文中提到的协变量外，还加入了家庭收入和房屋面积的二次项和三次项。经过多次计算，发现卡尺为 0.05 的半径匹配算法能得到最高的匹配度。对于优质燃煤替代政策，选择的协变量与"煤改电"政策的协变量略有不同，未加入房屋面积的二次项和三次项以及房屋年龄，选择的算法同样也是卡尺为 0.05 的半径匹配方法。

匹配前后干预组和对照组之间协变量的差异如图 5-2 所示。图 5-2（a）说明了匹配后变量的平衡度更高，协变量的中位数偏差由匹配前的 7.3％ 下降到匹配后的 0.6％。图 5-2（b）中优质燃煤替代政策的协变量偏差从 6.9％ 下降到 0.6％，这说明匹配大大提高了变量的平衡性。从核密度图来看，图 5-2（c）和图 5-2（d）以及图 5-2（e）和图 5-2（f）表明两组的分布更加相似。

匹配完成后，可以得到干预组受到政策干预的平均处理效应（Average Treatment Effect on the Treated，ATT）。表 5-5 列出了两种政策的平均处理效应。第二列为受到散煤治理政策干预的家庭能源消费的结果，第三列为未受到政策干预家庭的能源消费情况，第四列为两组结果的差异，即平均处理效应。"煤改电"政策使受干预家庭的空间供暖用电量增加了 340.63 kgce，干预组的用电量是对照组

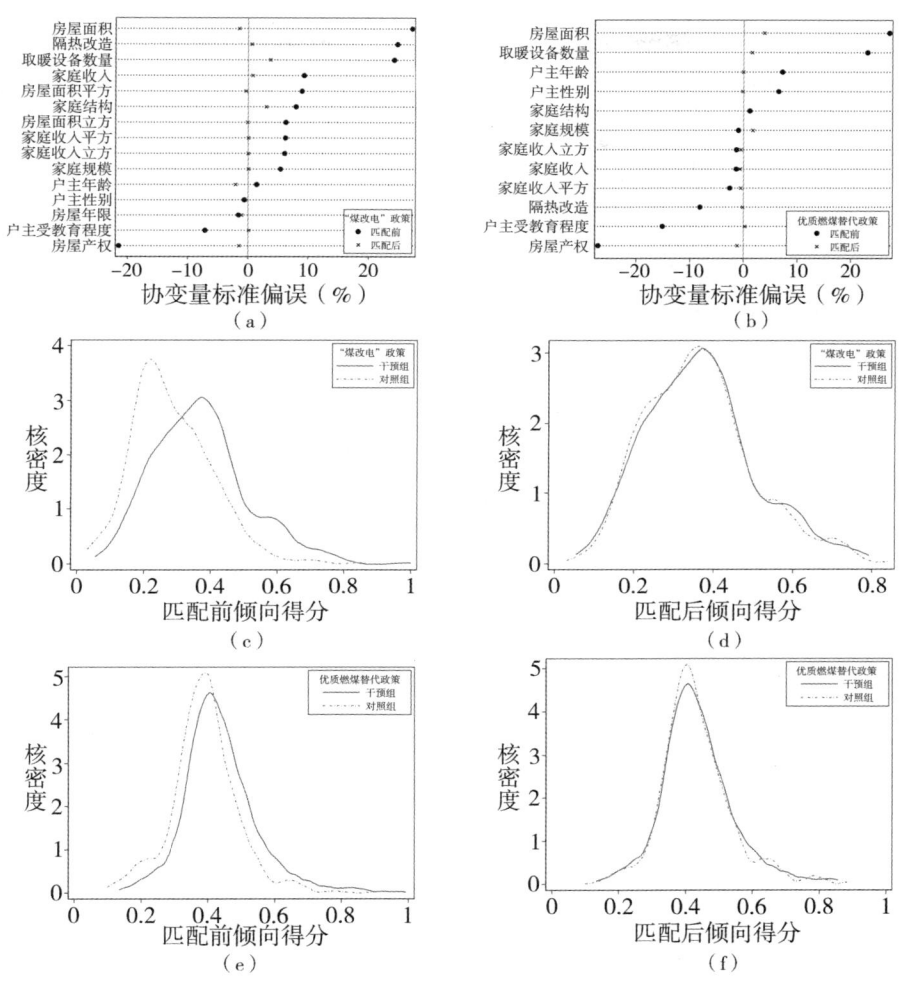

图 5-2 匹配前后协变量平衡性和倾向得分核密度

的 7 倍以上；政策还使烟煤和薪柴消费分别减少了 361.75 kgce 和 243.97 kgce。与 OLS 回归的估计值相比，PSM 方法得到的效应绝对值略大于 OLS 回归的结果。对于优质燃煤替代政策来说，政策干预大大提高了家庭对无烟煤的消费量，达到 578.8 kgce，并降低了其他能源的消费量。与 OLS 结果相比，除薪柴消费外，使用 PSM 方法得到的估计值均高于 OLS 方法。但总的来说，PSM 方法估计结果与

OLS 回归的估计结果之间的差异并不是十分明显，这是因为不匹配的样本数量极少。匹配前，"煤改电"政策（优质燃煤替代政策）的干预组和对照组的观测值分别为 440（692）和 971（999），而匹配后处理组的样本量仅下降至 439（689），并且对对照组没有影响。根据表中结果可以认为，"煤改电"政策显著提高了家庭的电力消费量和降低了其他能源消费量，而优质燃煤替代政策则使家庭消费了更多的优质煤炭，两个政策都在一定程度上优化了家庭的用能结构。

表 5-5　散煤治理政策对家庭空间取暖能耗的平均处理效应

能源品种	干预组（kgce）	对照组（kgce）	ATT（kgce）
A. "煤改电"政策_半径匹配法（0.05）（$N_t = 439, N_c = 971$）			
电力	395.40	54.77	340.63*** (22.11)
烟煤	43.99	405.74	-361.75*** (27.35)
无烟煤	7.13	313.65	-306.51*** (21.01)
薪柴	79.21	323.18	-243.97*** (39.36)
B. 优质燃煤替代政策_半径匹配法（0.05）（$N_t = 689, N_c = 999$）			
电力	8.50	49.73	-41.23*** (6.74)
烟煤	143.38	361.02	-217.64*** (26.17)
无烟煤	847.61	268.81	578.80*** (42.84)
薪柴	243.08	311.00	-67.92 (36.13)

注：N_t 和 N_c 分别为干预组和对照组的共同支撑样本；ATT 为干预组受到的平均处理效应；括号内自助标准误，***、**、* 分别表示在 1%、5%、10% 水平上显著。

根据表5-5可知，如果假定农村家庭用于空间取暖的能源品种仅限于上述四类的话，那么可以计算出政策干预前后农村家庭取暖能源结构的变化。如图5-3所示，左侧饼状图为控制组的取暖用能构成，右侧则为干预组的取暖用能结构。首先看"煤改电"政策对用能结构的影响，很明显可以看到，未施加政策干预的家庭取暖用能大致呈现薪柴、无烟煤和烟煤三足鼎立之势，占比分别达到29%、29%和37%，而电力占比仅为5%；而对于有政策干预的家庭来说，电力占比达到了75%，而煤炭比重仅为10%，薪柴比重也远低于控制组家庭。而对于优质燃煤替代政策来说，控制组（即未受政策干预）家庭的空间取暖用能结构与"煤改电"政策中的控制组结构并未有显著差异，而干预组的情况则与"煤改电"政策显然不同。在优质燃煤替代政策中，干预组家庭使用无烟煤的比重达到了68%，而烟煤的使用比重则较控制组降低了26个百分点。从用能结构的优化来看，散煤治理政策在家庭能源结构转型中的确发挥了应有的作用。

二 敏感性分析

由于未观察到的异质性会直接影响政策干预与否，因此会存在隐性偏差，进而导致PSM方法得到的估计结果不一致（DiPrete，Gangl，2004）。在不存在未观察到的个体效应的情况下，所有家庭受到政策干预的概率是相等的。Rosenbaum认为边界敏感性分析可以用来评估估计值的可靠性（Rosenbaum，2014），分析结果见表5-6。Γ值表示一个家庭受干预的概率是另外一个家庭的Γ倍，此时计算得到的显著性水平（P-critical）则为由内生性导致的平均处理效应的显著性水平的临界值。表中我们假设Γ的最大值为3，也就是说一个家庭受到政策干预的概率是另一个家庭的3倍，而这在现实中是很少见的。可以看到，即使在考虑内生性的情况下，上文得到的政策对电力和煤炭平均处理效应也仍是显著的；而对于薪柴的影响，政策的平均处理效应直到一个家庭受干预的概率是另外一个家庭的3倍时也仍在95%的

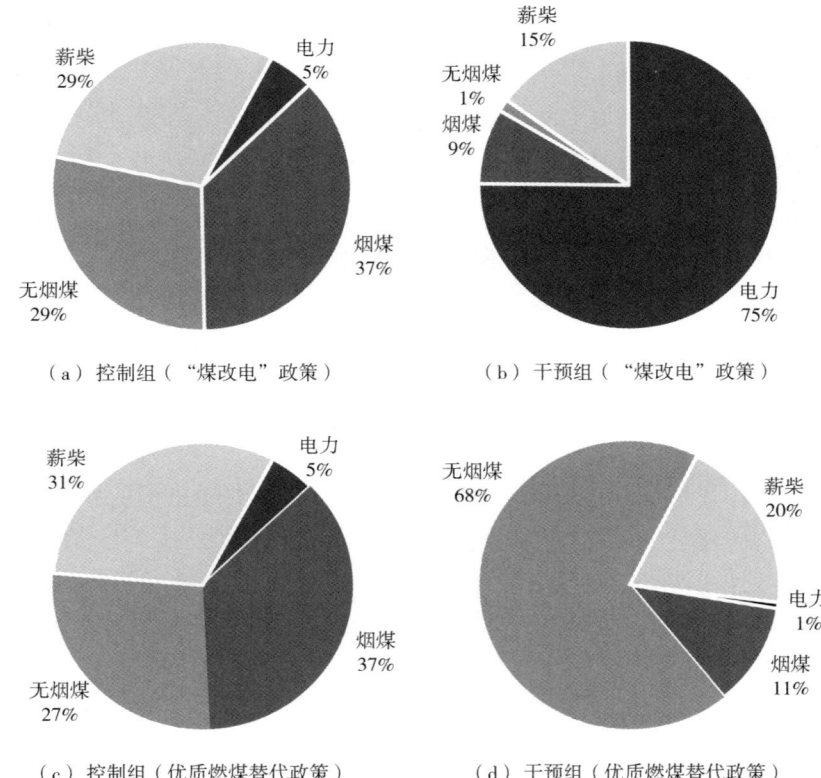

图 5-3　干预前后农村家庭空间取暖能源结构变化

置信水平上显著。根据这个敏感性分析，可以判断上述的匹配效果在一定程度上是可靠的。

表 5-6　　　　　　　　　平均处理效应的敏感性分析

Γ	P – critical							
	A. "煤改电"政策				B. 优质燃煤替代政策			
	电力	烟煤	无烟煤	薪柴	电力	烟煤	无烟煤	薪柴
1	0.000	0.000	0.000	0.000	0.000	0.000	0.000	0.000

续表

Γ	P-critical							
	A. "煤改电"政策				B. 优质燃煤替代政策			
	电力	烟煤	无烟煤	薪柴	电力	烟煤	无烟煤	薪柴
1.5	0.000	0.000	0.000	0.000	0.000	0.000	0.000	0.000
2	0.000	0.000	0.000	0.000	0.000	0.000	0.000	0.000
2.2	0.000	0.000	0.000	0.000	0.000	0.000	0.000	0.000
2.4	0.000	0.000	0.000	0.000	0.000	0.000	0.000	0.000
2.6	0.000	0.000	0.000	0.000	0.000	0.000	0.000	0.001
2.8	0.000	0.000	0.000	0.000	0.000	0.001	0.000	0.010
3	0.000	0.000	0.000	0.000	0.000	0.009	0.000	0.047

此外，考虑到家庭空间取暖受技术水平影响较大，不同设备所受政策影响会有所差异，因此按取暖设备对样本分类进行分析。由于PSM方法对样本大小要求较高，因此仅选取"煤改电"政策中使用率较高的空气源热泵进行稳健性分析。将使用空气源热泵的受干预家庭结果与受"煤改电"政策干预的全部样本进行比较，可以发现，使用空气源热泵的家庭与使用其他取暖设备的家庭之间差异并不明显。结果见表5-7。

表5-7　　　　　　　空气源热泵样本结果

能源品种	"煤改电"政策 ATT（kgce）	
	空气源热泵样本	全部样本
电力	361.32*** (26.91)	340.63*** (22.11)
烟煤	-374.12*** (41.60)	-361.75*** (27.35)
无烟煤	-305.15*** (36.04)	-306.51*** (21.01)
薪柴	-217.34*** (48.04)	-243.97*** (39.36)

注：括号内自助标准误，***、**、*分别表示在1%、5%、10%水平上显著。

三 异质性分析

受到家庭特征或其他经济社会因素的影响，个体对政策干预的反应都会存在差异，本节将进一步考察散煤替代政策对不同人群影响的异质性。为了说明干预效应随倾向得分变化的趋势，Xie 等（2012）提出了匹配平滑方法。该方法与普通 PSM 方法之间的差异在于，它通过计算个体层面差异，并应用非参数模型对该差异进行平滑，以得到处理效应异质性趋势。图 5-4（a）和图 5-4（b）分别反映了"煤改电"政策和优质燃煤替代政策对能源消费处理效应的异质性。x 轴表示倾向得分，y 轴表示对干预组的处理效应。对于"煤改电"政策，电力消费的处理效应均随倾向得分的提高而增加，煤炭消费的处理效应则相反；对于优质燃煤替代政策，无烟煤消费的处理效应随倾向得分的增加而增加，而烟煤的处理效应则随倾向得分增加而下降，电力和薪柴的处理效应在不同倾向得分下没有显著差异。具体来说，家庭收入越高，家庭规模和房屋面积越大的家庭，倾向得分越高，优质燃煤替代政策对这类人群在增加优质煤的影响程度也越大，而对减少劣质煤的影响也较高。

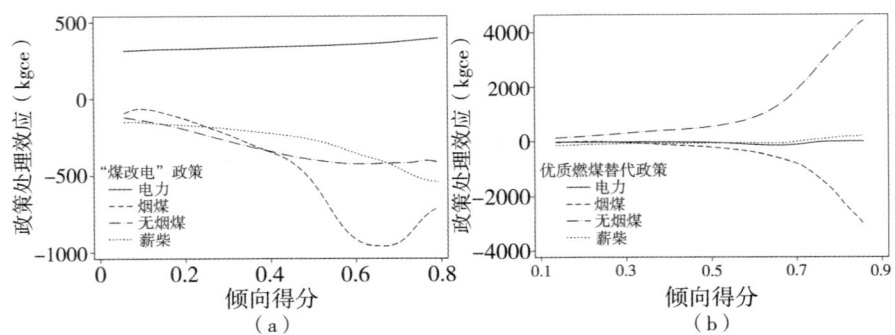

图 5-4 MS—HTE 方法下处理效应的异质性

四 散煤治理政策对有效能和室内污染排放物的影响

（一）有效能分析

上一节所提到的能源消费量为家庭的表观消费量，但由于不同燃料和不同设备类型的热效率差异很大，这一表观消费量并不能反映家庭实际上获得的热量值。为了进一步考察政策干预对家庭实际获得热量的分析，本节使用 Zhang 等（2000）提供的燃料/取暖炉具的热效率系数来计算有效能。诚然，我们的分析并未涵盖家庭供暖涉及的所有能源类型，但文中分析的是用于取暖用途最常见的四种能源。

根据表 5-5 的结果，可以计算出家庭取暖实际所获得的热量（见表 5-8）。结果表明，"煤改电"政策恶化了家庭最终获得的热量，而优质燃煤替代政策则提高了家庭所获得的有效能。"煤改电"政策和优质燃煤替代政策中对照组的家庭分别获得了 393.98 kgce 和 352.32 kgce 的有效能。相比之下，"煤改电"政策使受政策干预的家庭有效能降低了 41.30 kgce，而优质燃煤替代政策则使受干预家庭的有效能提高了 143.15 kgce。值得注意的是，该结论存在一个隐含假设，即未受政策干预的家庭目前用能量刚好能满足基本的取暖需求。

对于"煤改电"政策导致有效能下降的可能解释在于用电成本高昂以及由燃煤取暖设备改为电取暖设备过程中存在技术障碍这两个原因。一方面，即使电暖设备的高效率提高了实际热量，但由于电费负担过重，而使居民减少用电需求，这部分量的减少抵消了电暖设备的高效率。也就是说，电力实际热能增加的部分不足以维持以前的热量水平。在调查过程中受访者的回答也支持这一结论，即该政策虽然提高了取暖的便利性以及改善了室内空气质量，但是他们并不愿意为如此高的用电量付费，因此会减少用电量，这使得室内温度远低于政策实施前。尽管受政策干预家庭的电力消费有价格补贴，但该补贴的收入效应和价格效应并不足以使居民有动机去支付家庭供暖的用电成本。另一方面，落后的电网基础设施使得部分村庄的电力负荷有限,无法同时支持该地区所有家庭同时使用取暖设备,尤其是电取暖设备通常功率较高。可以说,电力替代煤炭不单纯是取暖设备的更替问题,更是涉及电力基础设施的建设问题。

表5-8　　　　　　　政策干预对取暖有效能的影响

能源品种	热效率（%）	干预组（kgce）	对照组（kgce）	ATT（kgce）
A. "煤改电"政策				
电力	80	316.32	43.82	272.51*** (17.69)
烟煤	32.17	14.15	130.53	-116.38*** (8.80)
无烟煤	45.34	3.23	142.21	-138.97*** (9.52)
薪柴	23.96	18.98	77.43	-58.45*** (9.43)
合计		352.69	393.98	-41.30** (21.96)
B. 优质燃煤替代政策				
电力	80	6.80	39.78	-32.99*** (5.39)
烟煤	32.17	46.13	116.14	-70.01*** (8.42)
无烟煤	45.34	384.31	121.88	262.43*** (19.42)
薪柴	23.96	58.24	74.51	-16.27** (8.66)
合计		495.47	352.32	143.15*** (21.26)

注:括号内自助标准误,***、**、*分别表示在1%、5%、10%水平上显著。

(二) 室内污染排放物分析

本章除了考察政策干预对家庭取暖需求的影响外,还有另一个需要回答的问题是政策干预是否改善了室内空气质量。家庭空气污染物的计算是基于能源消费的实物量乘以该能源的排放因子。各类能源的污染物排放因子来自现有多篇文献(见表5-9)。由于文章仅关注室内污染排放,因此文章将用电量视为无污染排放。

表5-9　　　　　　　　　　能源排放因子

能源品种	文献来源	排放因子(单位:g/kg)				
		PM2.5	PM10	SO_2	NO_X	CO
无烟煤	Xue 等 (2016)	2.8	1.42		0.91	14.2
	Zhang 和 Yang (2019)	7	7.2	12	1.6	48.5
	Peng 等 (2019)	4.53		13.1	0.9	79.19
	谢伦裕等 (2020)	3.705	1.455	1.975	0.5	33
	本章研究	4.51	3.36	9.03	0.98	43.72
烟煤	Xue 等 (2016)	10.15	4.25			
	Zhang 和 Yang (2019)	9.7	12.5	14.5	1.9	103.6
	Peng 等 (2019)	7.27		13.1	0.91	90
	Shen 等 (2015)					104
	谢伦裕等 (2020)	7.56	11.93	13.15	2.13	146.51
	本章研究	8.67	9.56	13.58	1.65	111.03
薪柴	Zhang 和 Yang (2019)	2.6	2.6	0.1	1.4	105
	Zhou 等 (2017)	5.22	5.66	0.4	1.49	48.25
	Yan 等 (2006)				1.56	79.1
	Peng 等 (2019)	3.62		0.022	1.1	66.32
	Shen 等 (2015)					71.35
	本章研究	3.81	4.13	0.17	1.39	74.00

统计表明,"煤改电"政策(优质燃煤替代政策)的干预组每户分别排放了1.7 kg (14.0 kg)和1.8 kg (12.2 kg)的PM2.5和

PM10。对照组每个家庭分别排放了 15.3 kg（14.4 kg）和 15.7 kg（15.8 kg）。至于其他污染物，"煤改电"政策下对照组中每户家庭排放的 SO_2、NO_x 和 CO 比干预组分别高 20.3 kg、3.0 kg 和 175.4 kg。对于优质燃煤替代政策，减排效果并不十分理想，受政策干预家庭的 SO_2 和 NO_x 排放高于对照组家庭。在优质燃煤替代政策中，由烟煤和薪柴燃烧减少所带来的污染排放的减少实际上被无烟煤消费增加所带来的污染排放抵消。换句话说，虽然无烟煤的排放因子相对较低，但其消费量的增加超过了其低排放因子所带来的排放减少。从减少室内空气污染排放的角度上来看，优质燃煤替代政策的作用有限。

根据上述结果，可以计算散煤治理政策在取暖季对北京地区室内空气污染排放的影响。2016 年年底，分别有 582500 户家庭和 133 万户家庭参与"煤改电"政策和优质燃煤替代政策。干预组家庭的反事实排放结果是未受政策影响的，因此政策的减排效果可以由处理组与对照组之间的差异得到。如图 5-5 所示，可以发现"煤改电"政策对改善空气质量起了极大的作用。2016 年，北京的 PM2.5

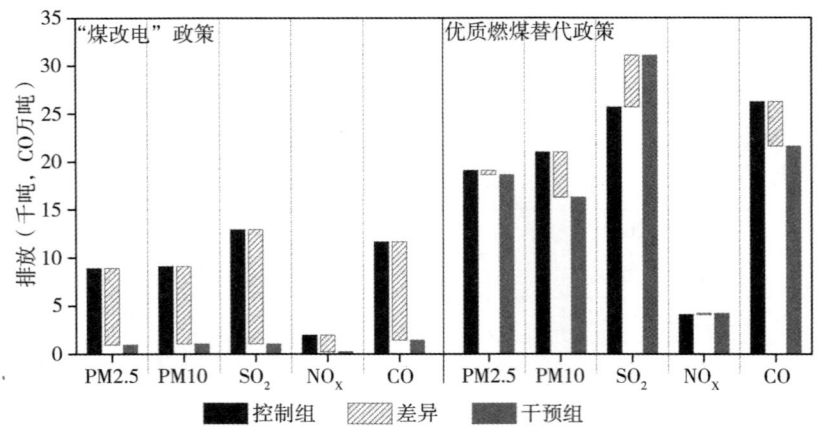

图 5-5 2016 年散煤治理政策对北京地区室内污染排放的影响

说明：由于数据可得性，2016 年受优质燃煤替代政策干预的家庭户数用 2015 年数据代替。

和 PM10 排放总量分别减少了 0.79 万吨和 0.8 万吨。同时，该政策还减少了 10.02 万吨的 CO 排放。然而优质燃煤替代政策在应对空气污染方面作用十分有限。

第四节 本章小结

本章利用散煤替代政策这一准实验以及通过对该政策进行微观入户调查获得的数据，评估了散煤替代政策对农村家庭能源消费转型的影响。通过进行 Rosenbaum 敏感性分析，可以认为本章结果在一定程度上是可靠的。结果表明，散煤替代政策确实有效改善了家庭在取暖季的用能结构，即优质能源消费量增加，初始能源消费量减少。但表观消费量的增加并不能说明居民取暖满意度的提高，散煤替代政策虽然有效改善了家庭的表观能源消费结构，实现了最初政策实施的目标，但该政策并未提高居民获得的有效能。从清洁性来看，"煤改电"政策是有效的而优质燃煤替代政策作用效果并不明显；从取暖需求上来看，优质燃煤替代政策能够保证家庭取暖需求不比政策实施前差，而"煤改电"政策却导致家庭并未保障居民的取暖需求的基本用能。考虑到个体效应会对家庭行为产生影响，因此通过对处理效应的异质性分析，发现"煤改电"政策中干预组的处理效应会随着倾向得分的增加而变大，而优质燃煤替代政策的处理效应的异质性主要体现在烟煤和无烟煤上，电力消费和薪柴消费的处理效应差异并不明显。

对于"煤改电"政策，干预组家庭在供暖季的电力消费量增加了 340.63 kgce，而烟煤消费量和薪柴消费量分别下降了 361.75 kgce 和 243.97 kgce。即使电取暖设备效率较高，但政策干预带来的电力消费的增长也无法弥补家庭减少的煤炭和薪柴消费而导致的实际热量的损失。由于用电对于室内空气是无污染的，因此室内空气环境得到大幅改善。该政策使得 2016 年北京地区 PM2.5 排放和 PM10 排放分别减少了0.79万吨和0.8万吨。

对于优质燃煤替代政策，政策干预使得处理组家庭的无烟煤消费量增加了578.80 kgce。相比之下，烟煤、电力和薪柴消费分别减少了217.64 kgce、41.23 kgce和67.92 kgce。与"煤改电"政策相比，虽然优质燃煤替代政策不会恶化家庭获得的有效能，但SO_2和NO_x的排放量却会比政策实施前高。

从本章结果来看，正如能源阶梯理论所言，随着家庭收入的提高和其他社会经济因素的改善，优质能源替代初始能源是家庭能源转型的规律所在。但在经济水平恒定的情况下，能源替代政策的决策者应该先对能源的可负担性和可获得性进行评估，仅给予取暖设备的购置补贴和优质能源的价格补贴并不足以实现可持续的替代。此外，由于能源使用是基于设备及基础设施的系统性产品（例如，在无电情况下无法使用电暖器），因此在经济发展水平较低时，能源基础设施的不完善会在很大程度上阻碍新技术的采用。另外，由于行政命令式的能源替代会将家庭能源选择局限在一到两种之间，这与能源堆叠假说是冲突的，家庭能源替代并不是一种能源完全替代另一种能源的线性过程，也不是一蹴而就的跨越式过程，而更多的应该是一个渐进演变过程。

其次，由于个体效应会影响政策干预效应的大小，因此对于富裕家庭来说，由于收入弹性的差异，即使在没有补贴的情况，该类人群也可能会比有补贴的贫困家庭消费更多的电力。若该类政策平等地给所有家庭提供补贴，则会鼓励富人消费更多的电力或优质煤炭，从而加剧能源不平等程度。因此，政策制定者应该加强对政策的精准性进行讨论。

尽管本章内容是仅针对中国家庭能源替代的案例研究，但本章的结果有助于其他发展中国家的政策制定者理解并重新思考家庭能源转型政策。不可否认的是，由于本章是基于横截面调查数据的研究，这在很大程度上限制了文章对于研究方法的选择，进而极有可能影响估计结果的一致性和无偏性。考虑到天气状况、收入水平、健康状况等因素的变化，个体在不同年份对政策的反应可能会有所不同。因此，本章的后续研究方向在于利用跟踪家庭调查数据来评估政策的效果以及可持续性，尤其是对取消财政补贴后的情况进行分析。

第 六 章

能源消费不平等与农村家庭能源消费转型

由于贫困问题和不平等问题的存在，农村地区的能源消费转型难度较大。贫困和不平等问题加剧了农村地区部分家庭在应对能源转型过程中的脆弱性。本章通过利用中国 28 省的农村家庭能源消费数据，评估了中国农村的不平等状况及不平等的来源，并定量考察了不平等对能源转型的影响。

本章框架结构安排如下。第一节为前言，主要是探讨现有不平等测度方法中存在的问题；第二节为本章的不平等测度方法、模型设定和数据介绍；第三节为不平等的测度结果，描摹出中国农村家庭能源消费不平等的现状，并且分别从能源结构、能源用途、经济发展水平、气候差异及收入差异等多个角度对能源不平等问题进行探讨，同时考察了不平等对能源转型的影响；第四节为本章小结，归纳本章研究结果并提出政策建议。

第一节　前言

贫困和不平等问题是目前困扰农村地区高质量发展的两大挑战，

也是研究农村家庭能源消费不可避免的两个重要方面。极端的不平等通常意味着存在人口的极度贫困，而贫困人群在面对能源转型冲击时的应对能力较为脆弱，也加剧了能源转型的难度。贫困问题研究离不开对贫困线的设定和讨论，而世界各国对于贫困线的设定均有不同的标准，缺乏客观统一的标准对贫困问题进行比较。而不平等的测度通常由数据驱动，结果更加客观，不受人为主观因素的干扰。因而本章将不对贫困问题本身进行过多的探讨，而将重点更多地放在对不平等问题的研究上。

当前中国的收入不平等已经超过了美国，居世界首位（Xie, Zhou, 2014）。最富的1%的人口控制着全国接近三分之一的财富（Kaiman, 2014）。不平等程度日益加剧了社会的不稳定，其造成的影响成为中国国内社会的首要矛盾。本节认为不平等现状所引起的不稳定会加剧部分家庭能源转型的脆弱性，进而在一定程度上阻碍了家庭能源结构的升级优化。因此，准确地衡量不平等程度对于识别出农村地区家庭能源转型的障碍具有重要意义。

大量研究试图探索中国收入和消费不平等的潜在根源。然而，使用收入数据测量不平等存在一些局限性而消费类数据则更为合适和精确（Cutler, Katz, 1992）。例如，通过家户问卷调查收集到的家庭收入数据往往是低报的，而估计消费数据则会更加简便和准确（Cai, et al., 2010）。此外，收入通常受到短期波动的影响，有时并不能完全反映一个家庭在长期中可利用资源的情况。而对于消费数据而言，居民消费由于受到行为因素的影响而具有平滑性，使得消费数据相对稳定（Hassett, Mathur, 2012）。这些问题的存在导致当前研究中不平等的测度结果大相径庭。

尽管采用货币量衡量的总消费支出数据相对稳定，但在衡量不平等方面也仍存在着一些不足。首先，总消费支出仅反映了家庭的基本生活需求，而忽略了对于特定商品和服务需求的信息。例如，未预见到的支出冲击（像医疗现金支出）可能会挤出农村对于基本商品和服务的消费，进而导致因病致贫（World Bank, 2015）。在这种情况下，利用消费支出数据进行测度就会低估不平等程度。其次，货币支出只是对耐用品和非耐用品消费的近似估计，并不能捕捉耐用消费品质量的变化。比如，炫耀性消费无法真实反映家庭的实际消费状况（Li，Su，2007），进而会高估居民对特定商品和服务的支付意愿。更重要的是，货币性支出并不能准确地衡量居民消费某种商品所带来的服务流。

本章认为使用耐用品消费所带来的服务流指标来测度不平等是对以往研究的有益补充。一些学者试图将居民对耐用品的消费转换为其带来的服务流价值，进而测度居民的实际消费。但是这种方法是基于一个前定函数来估计全生命周期中的每一年服务流，这个函数并未考虑消费者偏好和生活方式变化对耐用品置换率的影响。目前仅有 Hassett 和 Mathur（2012）使用美国居民能源消费调查数据测量了耐用品拥有量的不平等情况。然而，美国居民能源消费调查并未收集居民关于耐用品使用的信息，这使得 Hassett 和 Mathur（2012）无法进一步测度居民在耐用品消费所带来的服务流上的不平等程度。

基于此，本章将利用中国家庭能源消费调查数据库测度居民在耐用品消费所带来的服务流上的不平等程度。该数据库涵盖了用能设备的基本参数信息以及消费者对用能设备的使用情况信息，包括设备功率、使用频率和使用时长等。由于特定设备的能源消费量能够捕捉消费者效用，因此本章提出相对于收入和支出数据而言，服务流指标能更好地衡量不平等程度，而能源消费量则是反映耐用品消费服务流的合适代理变量。以往文献都曾提到现代能源消费，例如，电力消费量，可用作经济活动的代理变量。尤其是在家庭层面，现代能源的接入极大地提高了居民生活水平，因此可以作为反映社会经济发展的关键指标。本章从多个维度对不平等情况进行了测度，并比较了基于能源指标的不平等程度和基于货币量指标的不平等程度，同时定量分析了不平等对能源转型的影响。本章结果发现能源消费和能源支出不平等在能源品种、能源终端用途、地区和气候区内都有显著差异,这有助于深刻了解中国农村家庭不平等分布情况,并发现中国农村的能源不平等是家庭能源转型的重大障碍。

第二节 测度方法、模型设定与数据介绍

本章首先对中国农村能源消费的不平等情况及不平等的原因进行详细分析,在此基础上,考察能源不平等对家庭能源转型的影响。因而先介绍不平等的测度及分解方法,接着介绍能源不平等对能源转型影响的实证模型以及本章分析所使用的数据。

一 不平等测度与分解方法

本章将使用洛伦兹曲线和基尼系数来衡量家庭能源消费流的不平等情况。该方法特点在于对不平等的测度是数据驱动型,不受人为主观影响,且易于理解,并可用于进行组内和组间的比较(Kammen, Kirubi, 2008)。此外,本章还将引入洛伦兹不对称系数(Lorenz Asymmetric Coefficient, LAC)来反映其分布的不对称情况。洛伦兹不对称系数能够定量体现洛伦兹曲线所展示的分布情况,并弥补基尼系数的不足。

(一)洛伦兹曲线、基尼系数与洛伦兹不对称系数

洛伦兹曲线和基尼系数是经济学文献中使用最广泛的用来衡量不平等的分析工具。现已有部分文献尝试利用该方法来衡量气候变化和环境经济学领域中的不平等。然而,能源领域中研究分析能源消费不平等的文献极为缺乏。传统的洛伦兹曲线是表示收入分配不平等的坐标图。在能源消费领域,能源洛伦兹曲线的横轴为总体人口累计百分比,纵轴为能源消费量的累计百分比。在正常情况下,能源洛伦兹曲线上的点表示 $X\%$ 的人消费了 $Y\%$ 的能源量。

基于洛伦兹曲线,能源基尼系数可以量化不平等程度。数学表

示为

$$Gini = 1 - \left| \sum_{i=1}^{N} (X_{i+1} - X_i)(Y_{i+1} + Y_i) \right| \qquad (6-1)$$

其中 X 是人口的累计百分比，Y 是能源消费量的累计百分比。Y 按由低到高的顺序排列。基尼系数范围从 0 到 1，基尼系数越大，表示能源消费不平等程度越高。基尼系数为 0 表示能源消费完全平等，所有家庭均消费同样数量的能源。相反，基尼系数为 1 则表示能源消费完全不平等，一单位家庭使用全部能源量，而其他家庭完全不使用能源。

但基尼系数无法反映不平等的分布情况、描述能源消费的不对称性。仅使用基尼系数无法描述洛伦兹曲线的全部信息，不同的洛伦兹曲线可能具有相同的基尼系数。洛伦兹不对称系数可以作为基尼系数的补充，衡量洛伦兹曲线的不对称情况，反映出哪一部分人群对不平等的贡献最大。洛伦兹不对称系数 S 的计算公式如下：

$$\begin{aligned} S &= F(\overline{\mu}) + L(\overline{\mu}) = \frac{m+\delta}{n} + \frac{L_m + \delta \mu'_{m+1}}{L_n} \\ \delta &= \frac{\overline{\mu} - \mu'_m}{\mu'_{m+1} - \mu'_m} \end{aligned} \qquad (6-2)$$

如果洛伦兹曲线上某点的切线平行于完全平等线，那么 $S=1$，此时洛伦兹曲线是对称的。若该点在 45 度线的下方，则 $S<1$，这表明能源消费量较低的人群对贫富差距的贡献最大。相应的，如果 $S>1$，则不平等主要归因于少数能源消费量较高的人群（Damgaard，Weiner，2000）。

（二）按能源消费来源和子样本组的基尼系数分解

分能源种类和终端用途的基尼系数。本章将使用 Shapley 方法将基尼系数分解为能源品种或终端用途基尼系数（Shorrocks，2013）。该方法的思路是：假如有一个由 n 个玩家组成的集合 N，玩家可以组成联盟 S 为 N 的子集。s 为子集 S 的个体，$v(S)$ 为联盟力量或联盟价值。Shapley 值则为一种将剩余分配给玩家 k 的公平方法。这种方法被用于将基尼系数分解为不同能源种类或者不同能源用途。公式如下：

$$e_k = \sum_{\substack{S \subset N \\ s \in \{0, n-1\}}} \frac{s!(n-s-1)!}{n!} mv(S, k) \qquad (6-3)$$

$$mv(S, k) = (v(S \cup \{k\}) - v(S))$$

分地区、气候区和收入分组的基尼系数。除了对能源消费来源进行分解外，基尼系数还可以基于组别分解，遵循 Yang（1999）的方法，如下：

$$G = G_{within} + G_{between} + G_{overlap}$$

$$G_{within} = \sum_i \frac{n_i}{n} w_i G_i \qquad (6-4)$$

$$G_{between} = 1 - \sum_i \frac{n_i}{n} (2 \sum_{k=1}^{i} w_k - w_i)$$

其中 n_i/n 表示组别 i 在总人口中的比重，w_i 表示组别 i 在目标变量中的比重（即用电量、用能总量和用能支出），G_i 为组别 i 的基尼系数 G_{within} 为组内基尼系数，$G_{between}$ 为组间基尼系数，衡量群体间的差异。$G_{overlap}$ 为残余项，也称为交叠效应，取决于不同组别间能源消费重叠的频率和大小。如果能源消费量没有重叠，则为 0。例如，比较湖北省最高电力消费量和河北省最低电力消费量，这两者的差异也会影响总的不平等程度。若是某个省份的最高电力消费量低于另一省份的最低电力消费量，这时重叠效应则为 0。该方法用于将基尼系数分解为三个地区（东、中、西地区）和五大气候区（Ⅰ、Ⅱ、Ⅲ、Ⅳ和Ⅴ区）以及五大收入分组（低收入组、中低收入组、中等收入组、中高收入组和高收入组）。

（三）基于影响因素的基尼系数分解

同样的，对影响不平等程度的因素进行分解也采用 Shapley 方法分解。而对影响因素的分解需要先构造一个能源消费函数来估计各因素对能源消费的影响程度，然后将基尼系数应用于该函数来计算各变量对不平等的贡献。具体步骤如下，首先将某一解释变量 x 的样本均值和其他解释变量的观测值同时放入模型中来推断出此时的能源消费量。其次基于该数据可以得到排除了该变量 x 的基尼系数。该基尼系数与全样本基尼系数的差异即变量 x 对不平等的贡献程度。最后再对每一变量执行上述步骤则可得到各因素对不平等的影响程度（Wan，Zhou，2005）。

Shapley 因素分解首先需要构造能源消费函数，采用传统 STIRPAT 模型对该问题进行研究，传统的 STIRPAT 模型将生态环境承载力（I）分解为人口规模（P）、富裕程度（A）和技术水平（T）三个方面，即 $I = aP^b A^c T^d \varepsilon$，因而本节根据该模型对用能总量和用电量进行分析。本节所构造的能源消费模型如下：

$$\ln E_i = \alpha_0 + \alpha_1 \ln POP_i + \alpha_2 \ln TV_i + \alpha_3 \ln BULB_i + \alpha_4 \ln INTENSITY_i + \varepsilon_i \quad (6-5)$$

其中，E 为家庭能源消费指标，包括家庭用能总量和用电量。对人口规模的表征，采用家庭规模（即家庭成员数量）（POP）这一指标。人口规模对用能量的影响并不确定。一方面，考虑到规模效应，人口越多，对部分用能设备使用的频率越高，例如，对热水器的使用；另一方面，人口越多，越产生集聚效应，部分用能设备由家庭的全部人口同时使用，这时用能量可能并不会高于人口少的家庭。对于富裕程度而言，由于能源消费不同于普通商品，能源流量的产生需要以设备的使用为前提，是一种"引致需求"（魏楚、沈子玥，2019），因此本节对富裕程度的刻画并不采用传统的家庭收入变量，而是基于家庭耐用品数量来体现家庭财富与能源消费的内在关系。考虑到部分耐用品拥有量在各家庭之间差异并不明显，因此采用家庭电视机拥有量（TV）和灯泡数量（$BULB$）作为富裕程度的表征。技术水平采用家庭能耗强度（$INTENSITY$）来表征，能耗强度越高，则用能量越高。具体而言，对家庭用能总量，采用单位面积能耗变量衡量能耗强度;对于用电量,采用单位面积电耗衡量用电强度。α_0 为常数项,α_1—α_4 分别为各变量的估计系数,ε 为误差项,下标 i 表示家庭户。

二 实证模型设定

在对不平等程度进行测度并对不平等来源进行分解的基础上,本章将使用比重响应模型来定量估计不平等程度对能源转型的影响。被解释变量为各类能源占能源消费总量的比重,用来表征能源结构(share),包括生物质能消费比重(share_bio)、煤炭消费比重(share_coal)、电力消费比重(share_ele)以及液化石油气比重(share_lpg),各变量值处于 [0, 1]。

$$E(share_i \mid gini_p, \mathbf{Z}_i, c_i) = \Phi(\alpha_1 gini_p + \mathbf{Z}_i \boldsymbol{\beta} + c_i)$$

$$share \in \{bio, coal, ele, lpg\} \quad (6-6)$$

其中,$\Phi(\cdot)$ 为标准正态累积分布函数,i 表示家庭户,p 表示省份。解释变量(gini)为以省为单位估计的能源消费量基尼系数或电力消费量基尼系数;为了控制其他变量对能源结构变动产生的影响,此处还加入了包括家庭人口、家庭收入、户主受教育年限、户主民族、户主年龄、户主性别以及家庭住房面积等在内的控制变量(Z);c 为无法观测的效应。α 和 β 分别为基尼系数和控制变量对能源结构影响的估计系数。

三 数据介绍

本章所用数据来自第三章所提到的 CRECS 2013 和 CRECS 2014,考虑到两个年份农村家庭能源使用行为上不会发生明显的改变,为扩大数据分析的样本量,将两年数据合并进行不平等的分析。其中,CRECS 2013 样本量为 3404 户,CRECS 2014 为 1605 户,具体数据介绍见第三章。

第三节 实证结果分析

一 能源不平等与货币指标不平等

本节将重点考察基于能源指标衡量和基于货币指标衡量的不平等程度的差异情况。图6-1为家庭用电量、用能总量、能源支出、家庭收入和家庭支出的洛伦兹曲线。括号内的值分别为基尼系数和洛伦兹不对称系数。

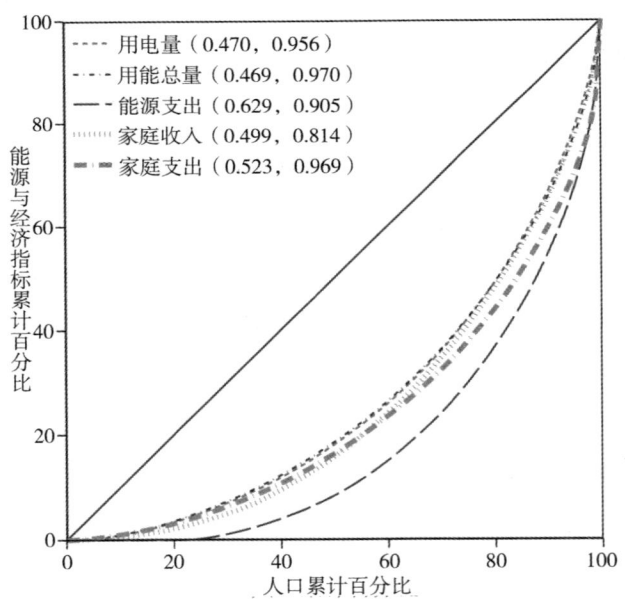

图6-1 能源指标和家庭收入支出的洛伦兹曲线

注：括号内第一个值为基尼系数，第二个值为洛伦兹不对称系数。

可以发现，用电量的分布情况、用能总量的分布情况以及家庭收入的分布情况极为相似，三者的洛伦兹曲线接近于重合。从基尼系数和洛伦兹不对称系数来看，亦是如此。用电量、用能总量和家庭收入的基尼系数分别为 0.470、0.469 和 0.499；而能源支出的洛伦兹曲线向完全不平等弯曲，即非常不平等。能源支出曲线在人口的 80% 百分位下一直处于家庭支出曲线的下方。能源支出和家庭支出的基尼系数最高，分别达到 0.629 和 0.523。换句话说，下五分之一的家庭仅消耗了不到 5% 的能源，而上五分之一的家庭则使用了接近 50% 的能源；下五分之一的家庭承担的能源支出比重不到 1%，而上五分之一的农村家庭则承担了将近 60% 的能源支出。这个结果与 Xie 和 Zhou（2014）的结果较为一致，Xie 和 Zhou（2014）提到中国最近的基尼系数处于 0.53—0.55。而且，可以看到五个变量的洛伦兹不对称系数均小于 1，这意味着不平等主要来自能源消费较低、收入与支出较低的个体。

五个指标对于不平等分布情况的刻画较为相似，但值得注意的是基尼系数存在一定差异。首先，家庭收入不平等远低于家庭支出不平等和能源支出的不平等，基尼系数分别为 0.499、0.523 和 0.629。该结果在一定程度上证实了收入和支出可能存在的低报现象，因而使得基于收入和家庭支出衡量的基尼系数较能源支出更低。另外，用电量和用能总量不平等程度相对较低。对于用电量来说，这主要在于中国通电率较高，电力普及情况较好；对于用能总量来说，这归因于农村地区不同能源品种间的相互替代。因此，基于支出指标衡量的不平等远高于基于实物量的不平等。这是由于农村地区能够使用低成本甚至免费的生物质能来替代商业能源。可以说能源实物量的不平等程度衡量了农村地区在能源基本需求上的分布，更多的是量的表现；而能源支出的不平等则在一定程度上反映了能源好坏的差异，因为优质商品能源的成本往往高于传统固体燃料。

表 6-1 为能源不平等程度和货币不平等程度在洛伦兹曲线中所反映的差异情况。不难发现，两者间的差异的绝对值从 0.001 至 0.16 不等，并且大部分都十分显著。这意味着不平等的测度十分依赖于所选取的指标。相较于家庭收入或者支出数据，由于能源消费能够直接捕捉服务流，因而能够更加直接地衡量不平等。

表 6-1　　　　　　　　　不同变量衡量的不平等差异

变量	用能总量基尼系数	能源支出基尼系数	家庭收入基尼系数	家庭支出基尼系数
用电量基尼系数	$diff = -0.001$ $p-value = 0.857$	$diff = 0.159$ $p-value = 0.000$	$diff = 0.029$ $p-value = 0.00$	$diff = 0.053$ $p-value = 0.000$
用能总量基尼系数		$diff = 0.160$ $p-value = 0.000$	$diff = 0.030$ $p-value = 0.000$	$diff = 0.054$ $p-value = 0.000$
能源支出基尼系数			$diff = 0.130$ $p-value = 0.000$	$diff = 0.106$ $p-value = 0.000$
家庭收入基尼系数				$diff = 0.024$ $p-value = 0.027$

注：$diff$ 表示两者基尼系数之差的绝对值。

图 6-2 描绘了以家庭收入累计百分比为横轴，能源指标累计百分比为纵轴的洛伦兹曲线，此时洛伦兹曲线的绘制和基尼系数的估计是以家庭收入进行排序的，洛伦兹曲线变为集中曲线，图中括号内基尼系数转变为集中指数。根据估计结果，用电量和能源支出的集中指数分别为 0.030 和 0.114，均大于 0；而用能总量的集中指数为 -0.029，小于 0。这说明电力消费和能源支出集中于富裕人群。换句话说，富裕人群的用电量和能源支出远高于低收入人群；而低收入人群的用能总量远高于富裕人群。这与我们的直觉是一致的，高收入人群普遍更倾向于消费电力等商品能源，而劣质能源的热值较低，需要消费足够多的数量来弥补热量的损失，因此低收入人群会使用更多的劣质能源。

二　能源不平等的来源分析

（一）燃料类型

为进一步探究能源不平等的根源，并从供给和需求侧识别出影响能源不平等的主要因素，本节从燃料类型和终端用途两个层面分别考察能源不平等情况。图 6-3（a）为电力消费、煤炭消费、液

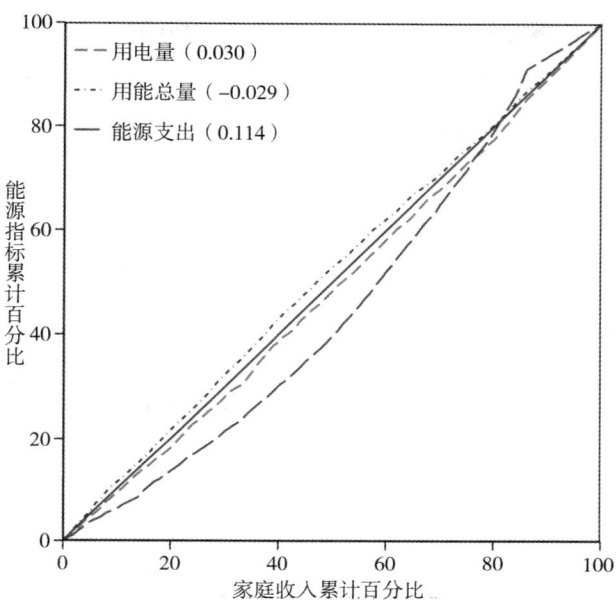

图6-2 以家庭收入排序的能源指标集中曲线

化石油气消费和生物质能消费的洛伦兹曲线。不同能源品种的洛伦兹曲线差异巨大。从能源品种来看，液化石油气的不平等程度最高，基尼系数达到0.847；其次是煤炭（0.829）和生物质能（0.711）。电力的不平等程度较低，基尼系数为0.470，也就是说有20%的农村家庭则消耗了不到5%的电力，而另外20%的农村家庭则消耗了50%的电力。液化石油气基尼系数最高的原因主要在于液化石油气的可获得性较低，大部分农村家庭无法获取液化石油气或获取难度十分大，这与农村地区能源基础设施落后与收入水平较低有密切关系，而煤炭和生物质能等传统能源的退出不够彻底。洛伦兹不对称系数小于1说明不平等主要源自消费量较低的人群。

图6-3（b）为其他国家居民电力消费不平等程度，该图来自Jacobson等（2005）。作者估计了不同年份的五个国家居民部门消费的不平等程度，结果显示2000年的肯尼亚用电基尼系数最高，达到0.87，其次为2000年的泰国和2001年萨尔瓦多，分别为0.61和

0.60。而发达国家,例如 1997 年美国居民部门的电力消费基尼系数为 0.37 和 1995 年的挪威为 0.19。通过与本节估计结果做比较,可以发现当前中国农村家庭的电力消费不平等程度仍高于 20 世纪末的发达国家,但低于 21 世纪初的发展中国家。

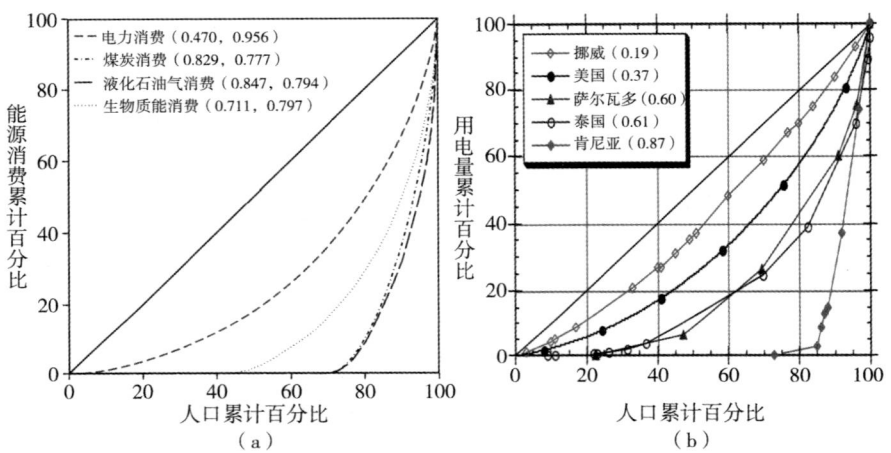

图 6 - 3　按能源品种计算的基尼系数及国际比较

说明:括号内第一个值为基尼系数,第二个值为洛伦兹不对称系数。

本节的不平等测度结果为基于对微观家庭调查数据的分析,与利用省际层面数据或者城市数据的宏观研究相比,微观研究在测度城市或省份内部的组内不平等上具有优势,省际或者城市研究往往是用各省或各市的变量平均值来代表整个省份或城市的,这就潜在假定了整个省份和城市内部在收入或能源消费上不存在差异,也就必然会带来对不平等程度的低估。表 6 - 2 为利用 2013 年和 2014 年各省农村生活能源消费量估计的基尼系数与本章所使用的 CRECS 2013 和 CRECS 2014 混合截面数据估计的基尼系数的比较。[①] 其中,

---

① 省级能源消费量数据来源于《中国能源统计年鉴 2014》和《中国能源统计年鉴 2015》。

省级基尼系数的估计将各省乡村人口作为权重进行调整。从结果上来看，利用省级数据估计的能源消费量的基尼系数为 0.3，而利用微观数据的分析达到 0.47，两者存在明显差异。对于不同能源品种估算的基尼系数来说，亦是如此。微观数据估计的煤炭消费量基尼系数和液化石油气消费量基尼系数分别比省级数据估计结果高 0.36 和 0.30。很明显可以看出省级数据估算的不平等程度均低于利用微观数据的分析，印证了宏观数据会低估对不平等的测度的观点。

表 6-2　　　　　微观数据与宏观数据测度的不平等比较

数据层面	基尼系数			
	能源消费总量	煤炭消费量	液化石油气消费量	电力消费量
微观家庭数据	0.469	0.829	0.847	0.470
宏观省级数据（2013）	0.304	0.468	0.549	0.339
宏观省级数据（2014）	0.296	0.468	0.563	0.334

（二）终端用途

图 6-4 为能源在各终端用途的洛伦兹曲线。家用电器与照明的用能分布情况与图 6-3（a）中电力消费分布较为接近，基尼系数为 0.425，这是由于电力为家用电器和照明用途的唯一能源，而两者系数不完全相等则是由于取暖用途中的电暖设备以及制冷用途中的空调设备也是电力消费的重要来源。烹饪用能分布较为不均，基尼系数为 0.526。此外，超过 45% 的被访用户表示无取暖需求，因而空间供暖需求的基尼系数较高，达到 0.740。空间制冷需求和热水需求的分布则更是远离完全平等曲线。空间制冷需求基尼系数最高，为 0.913，其次为热水需求（0.901）。基尼系数越接近于 1，说明不平等问题越为严峻。从五种终端用途来看，家用电器与照明用途的洛伦兹不对称系数大于 1，说明这种不平等来自电力消费量较高的少

数人群。对于其他用途，洛伦兹不对称系数均小于1，说明消费量较低的人群对不平等的贡献较大。

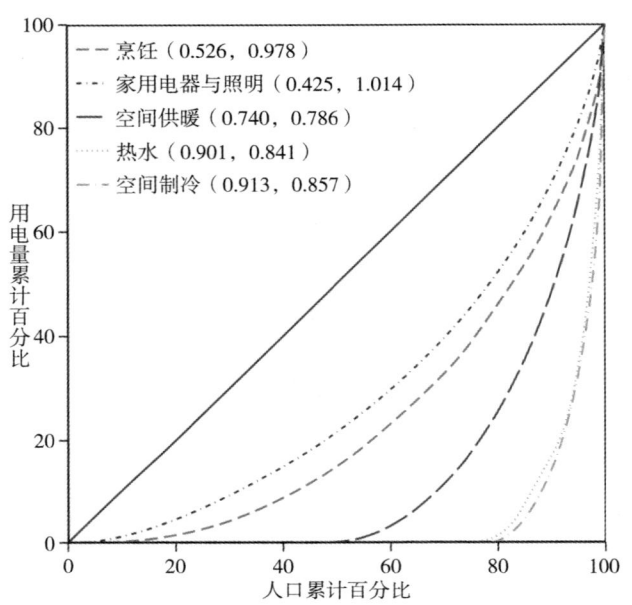

图6-4 按能源终端用途计算的基尼系数

说明：括号内第一个值为基尼系数，第二个值为洛伦兹不对称系数

为进一步识别出不平等根源，本书使用Shapley方法将基尼系数按能源品种和能源用途分解为不同来源。图6-5（a）反映出生物质能对不平等程度的贡献最大，达到52.7%，其次分别为煤炭（30.5%）、液化石油气（4.8%）、集中供暖（4.4%）和电力（4.1%）。太阳能、天然气和其他能源对不平等程度的贡献共计3.6%。从图6-5（b）中可以看出，空间供暖和烹饪对不平等程度的贡献最大，分别为64.0%和28.7%。热水和家用电器与照明的贡献分别为4.9%和2.3%。空间制冷用途对不平等的贡献仅为0.1%。

（三）其他影响因素

除了从能源结构和能源用途对能源不平等进行分解来识别出不平等的来源外，本节还对影响能源不平等的其他因素进行了进一步

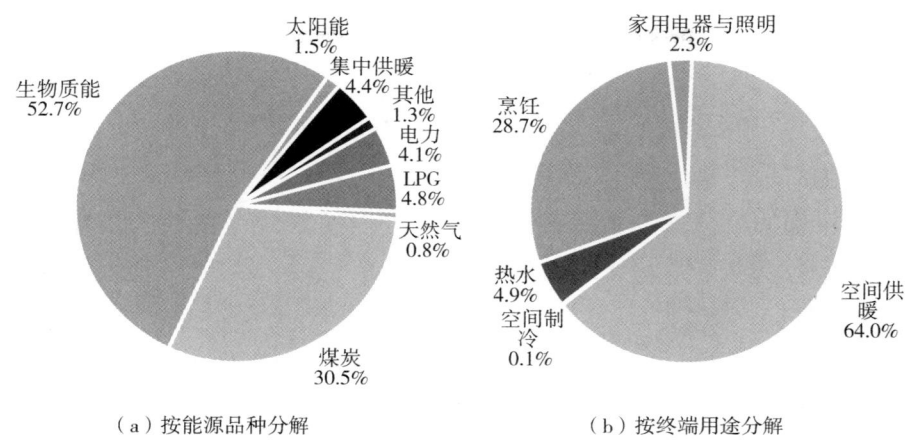

(a) 按能源品种分解　　　　　(b) 按终端用途分解

图 6-5　基尼系数按能源品种和终端用途的分解

的分析。从结果来看，各变量对用能量的影响均为正且十分显著。由于该结果不是本节研究重点，回归结果在此不再赘述，回归结果见附表 2。在 STIRPAT 模型的基础上，Shapley 分解识别出来的各因素对能源不平等的影响程度见表 6-3。结果表明，技术水平（即能源强度）对不平等的影响程度贡献最大，效应高达 60%。由于能源强度由单位面积能耗表征，因此在一定程度上说明了家庭面积对不平等程度的影响。用能总量的分解结果与用电量分解结果的差异主要体现在富裕程度对不平等的影响。这也说明了农村地区用能结构的多样性，因为传统生物质能的用能成本较低，经济水平上的差异对基本用能需求的影响并不如对电力需求的影响大。家庭规模对能源不平等的影响较小，人口方面的控制或放开政策并不是减小能源不平等的有效措施。

表 6-3　　　　　各因素对能源不平等的影响程度

贡献程度	用能总量	用电量
人口效应	2.32%	3.25%
富裕程度	3.18%	8.88%
技术水平	65.42%	59.43%
残差	29.08%	28.44%

三 能源不平等的组别分析

(一) 地区差异

地区不平等，尤其是沿海内陆的不平等，一直伴随着中国过去30多年来的改革。为了研究能源不平等程度是否存在地区差异，本节基于地理情况和发展阶段将样本分为东、中、西三个地区，具体的划分见第三章。

图6-6中的东、中、西三个地区的洛伦兹曲线在用能总量不平等程度上差异较小。西部的基尼系数最高，为0.481，其次是中部（0.468）和东部（0.452）。用电量不平等情况的地区差异较用能总量的不平等差异更大，这主要在于西部地区的用电差异更大，东、中部地区比西部地区更接近45度对角线。东部地区和中部地区用电量的基尼系数分别为0.452和0.454，西部地区较高，达到0.499。地区差异在能源支出中反映得更加明显。中部地区的能源支出基尼系数最高，为0.682，其次是西部（0.660）和东部（0.531）。所有地区的洛伦兹不对称系数均小于1，表明消费量低的农村居民对不平等贡献较大。简而言之，东部地区的不平等程度相对较低；能源支出的不平等状况在各地区中都较为严峻，且比用电量和用能总量的不平等情况更加严重。

除了经济发展水平和资源禀赋会对用能行为产生影响外，气候差异更是会通过影响取暖和制冷需求对能源消费模式和不平等程度产生影响（Jacobson, et al., 2005）。为了探究气候差异对能源不平等的影响，我们将中国内陆分为五个气候区[①]。

用电量在五个气候区的不平等程度在0.45—0.50，温暖地区（Ⅴ区）的基尼系数最大（0.492）；寒冷地区（Ⅱ区）最小（0.457）。用能总量在五个气候区的不平等分布情况较为相似，基尼系数均在0.4左右。Ⅴ区居民的用能总量较为均等，基尼系数最低

---

① 根据中国建筑气候区划分，可以划分为严寒地区（Ⅰ区）、寒冷地区（Ⅱ区）、夏热冬冷地区（Ⅲ区）、夏热冬暖地区（Ⅳ区）和温暖地区（Ⅴ区）。

第六章 能源消费不平等与农村家庭能源消费转型

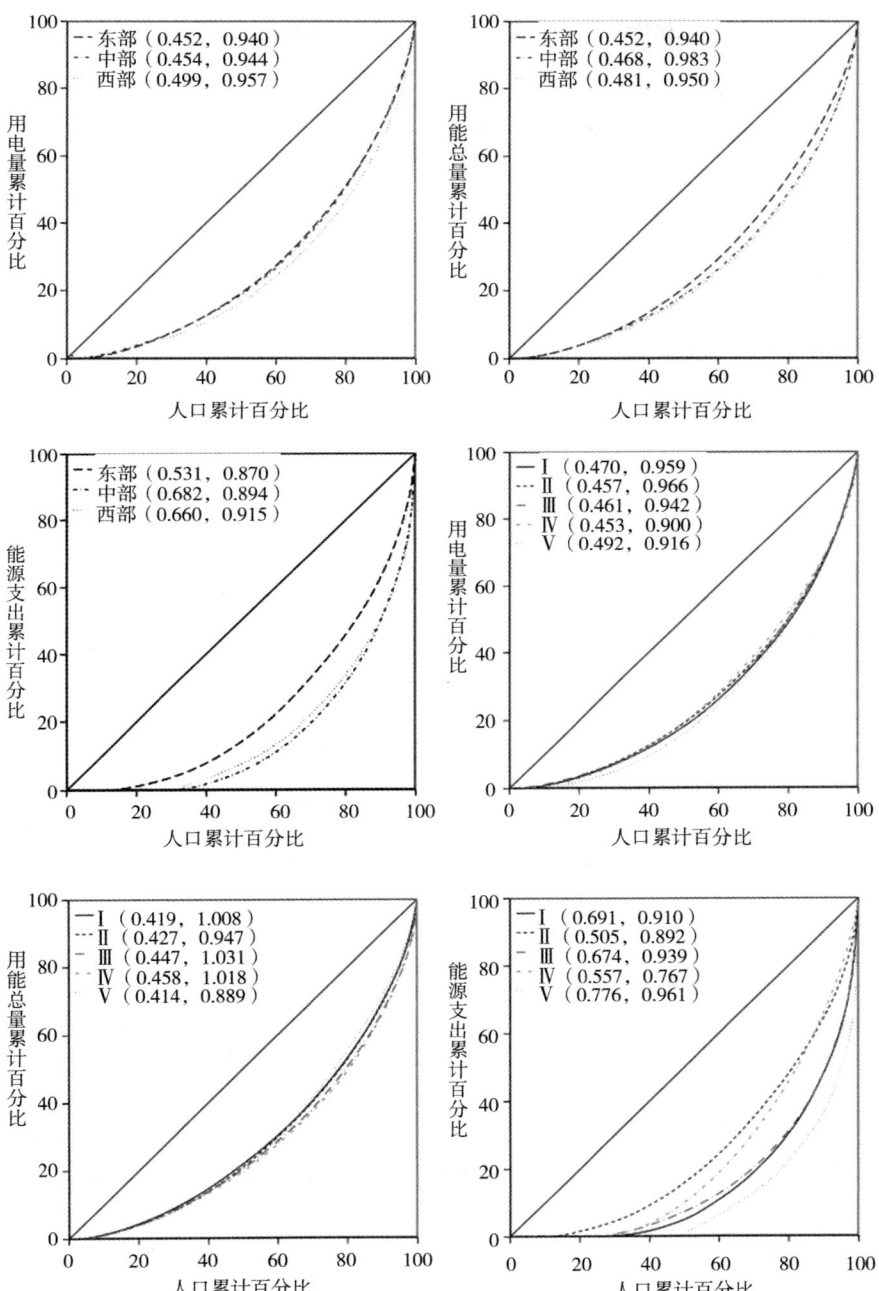

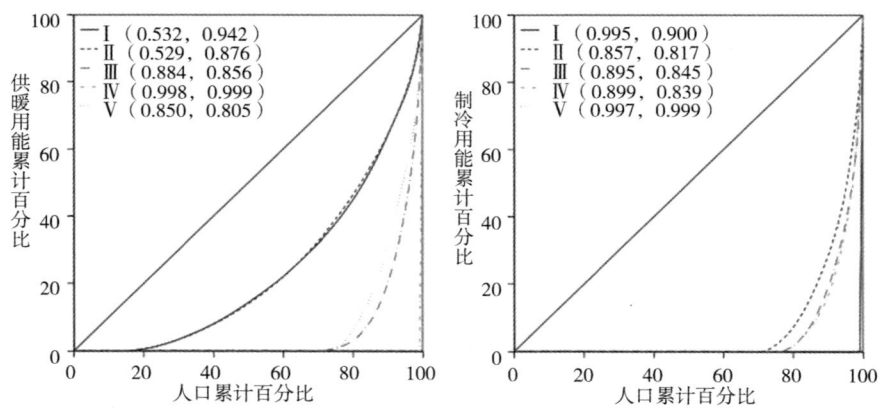

图 6-6 按东、中、西地区和五大气候区划分的洛伦兹曲线

说明：括号内第一个值为基尼系数，第二个值为洛伦兹不对称系数。

（0.414）。洛伦兹不对称系数大于 1 表明区域Ⅰ、Ⅲ和Ⅳ中的能源不平等主要是由少数用能量较高的家庭引致的。各气候区能源支出的差异较大。Ⅰ区（0.691）比Ⅱ区（0.505）在能源支出上更不平等。其他三个气候区也具有高基尼系数，均大于 0.55。然而，五个气候区的洛伦兹不对称系数均小于 1，这意味着大量用能量较低的家庭加剧了这种不平等。

具体到用能需求来看，供暖需求在不同气候区中的差异较大。Ⅲ区、Ⅳ区和Ⅴ区主要位于南部，均严重偏向于"完全不平等"线，并且具有相对较高基尼系数。相比之下，严寒地区和寒冷地区（Ⅰ区和Ⅱ区）在取暖需求上的分布较为相似。此外制冷需求上也呈现着极端分布情况。严寒地区（Ⅰ区）和温暖地区（Ⅴ区）的居民几乎不需要空间制冷，所以导致几乎垂直的洛伦兹曲线，基尼系数高达 0.995 和 0.997。而对于其余区域，空间制冷的能耗分布极不均匀，基尼系数为 0.857—0.899。

简而言之，能源支出不平等远大于用电量和用能总量的不平等。冬季供暖需求在寒冷地区比在温暖地区分布更加均匀，而夏季制冷需求在炎热地区比在寒冷或温暖地区分布更加均匀。

为了识别出不同地区和气候区对不平等的影响，表 6-4 为各地区和气候区对基尼系数的贡献程度。A 组结果为根据地区分解的结果，三个地区的组内不平等占电力基尼系数的三分之一，其中中部占最大份额（11.81%），其次是东部和西部，均约为 10.60%。组间差异占总体不平等的 10.60%。对于用能总量而言，表中第二列说明了西部地区的组内不平等贡献了相当大的份额（14.55%），其次是中部地区（9.83%）和东部地区（8.43%）。东、中、西三个地区的组间差异占能源不平等的 19.60%，剩余 47.59% 来自组间交叠效应。表中第三列显示了能源支出不平等的来源。东部、中部和西部地区的组内不平等约占总体不平等的 32.30%。具体而言，东部地区的组内差异主导着能源支出的组内不平等，占 12.32%，其次是中部地区（10.53%）和西部地区（9.45%）。此外，组间效应和交叠效应分别占总不平等的 18.44% 和 49.26%。

表6-4　　　　　　　　　　基尼系数按地区和气候区的分解

影响程度	用电量基尼系数	用能总量基尼系数	能源支出基尼系数
A. 按地区分解			
组间效应	10.60%	19.60%	18.44%
交叠效应	56.34%	47.59%	49.26%
组内效应			
东部	10.65%	8.43%	12.32%
中部	11.81%	9.83%	10.53%
西部	10.62%	14.55%	9.45%
B. 按气候区分解			
组间效应	15.49%	36.19%	16.95%
交叠效应	55.31%	37.31%	54.83%
组内效应			
严寒地区（Ⅰ）	1.76%	2.53%	2.39%
寒冷地区（Ⅱ）	7.82%	11.33%	8.82%
夏热冬冷地区（Ⅲ）	18.56%	12.07%	16.13%
夏热冬暖地区（Ⅳ）	0.59%	0.40%	0.66%
温暖地区（Ⅴ）	0.47%	0.18%	0.21%

B组结果反映了不同气候区对能源不平等的影响。五个气候区的组内不平等解释了整体能源不平等的26%—30%。具体而言，区域Ⅱ和Ⅲ是不平等的两个主要来源，共同造成了约26.38%的电力不平等，23.40%的能源消费不平等和24.95%的能源支出不平等。其他气候区的贡献很小：Ⅰ区（1.76%—2.53%）、Ⅳ区（小于1%）和Ⅴ区（小于1%）。五大气候区的组间不平等构成用电量不平等的15.49%，同时占用能总量不平等（36.19%）和能源支出不平等（16.95%）的较大比重。各变量基尼系数的组间重叠效应约占总不平等的37.31%—55.31%。

简而言之，表6-4表明，地区组内不平等揭示了三分之一左右的总体不平等，而组间不平等的贡献相对较小，占不平等的10%—20%。在五大气候区中，Ⅱ区和Ⅲ区的组内效应十分明显，约占基尼系数的四分之一，而区域间差距占能源不平等的15%—37%。

（二）收入差异

收入是影响居民消费决策的重要影响因素，因而也与能源消费不平等紧密相关。上一节基于地理资源禀赋和发展阶段将人口划分为东部、中部和西部三个地区。进一步的，本节将根据家庭收入将总人口划分为五组来考察不同收入组内的不平等情况。[1] 图6-7为按收入分组的各类指标的洛伦兹曲线。各收入组在用电量上的不平等表现差异较小，基尼系数均在0.45—0.5。低收入组的不平等程度最高，基尼系数为0.495；高收入组的不平等程度最低，基尼系数为0.439。这主要在于高收入人群对电力消费的弹性较小，且用电设备的数量对于高收入人群会存在饱和现象，用电行为较为相近；而低收入人群则可能存在部分家庭极少用电甚至不用电的情况，而部分家庭会使用电力保障基本用电需求，这使得低收入人群内部用电行为差异较大。洛伦兹不对称系数均小于1说明电力消费的不平等主

---

[1] 低收入组、中低收入组、中等收入组、中高收入组和高收入组的家庭户均收入分别为3639.8元、14042.4元、26357.1元、40748.3元和87609.6元。

要是由大量的低电力消费家庭导致的。各收入组在用能总量上的分布情况同用电量的分布情况较为相似,基尼系数均在 0.47—0.49,差异不大。至于能源支出的分布情况,低收入组和中低收入组的不平等程度最为严重,基尼系数均超过 0.6,而低收入组基尼系数甚至超过 0.7;中等收入组、中高收入组和高收入组的基尼系数则较为接近,在 0.55 上下浮动。

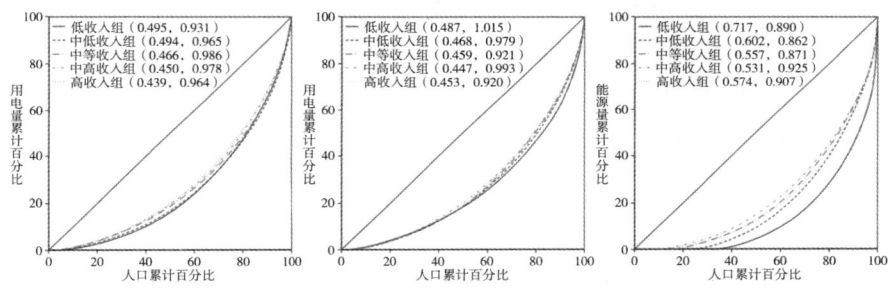

图 6-7 基尼系数按收入组分解

同样的,将基尼系数按照收入分组进行分解。如表 6-5 所示,各收入组的交叠效应对用电量不平等和用能总量不平等的影响程度最大,其次为各收入组的组间效应。各收入组的组内效应对不平等影响较小,影响程度在 1.5%—5%。能源支出不平等的最大贡献来源为组间效应,也就是各收入之间的差异,其次为各收入组的交叠效应。

表 6-5　　　　　　　基尼系数按收入组分解

影响程度	用电量基尼系数	用能总量基尼系数	能源支出基尼系数
组间效应	35.32%	36.85%	47.25%
交叠效应	49.65%	48.05%	38.01%
组内效应			
#低收入组	2.84%	3.32%	2.22%
#中低收入组	4.97%	4.86%	3.59%

续表

影响程度	用电量基尼系数	用能总量基尼系数	能源支出基尼系数
#中等收入组	1.53%	1.59%	1.43%
#中高收入组	2.81%	2.53%	3.11%
#高收入组	2.89%	2.79%	4.39%

四 能源不平等对能源转型的影响

通过前文的分析，可以计算得到各省的能源消费基尼系数。为估计能源不平等对农村家庭能源转型的影响，本节对截面数据使用 Probit 比重响应回归模型进行估计，该模型的使用前提是被解释变量的值处于 [0，1]。估计结果见表 6-6，其中结果均以边际效应表示，即解释变量每变动一个单位，被解释变量的变动程度。首先，对于用能总量不平等来说，能源消费的不平等程度（即基尼系数）每增加 0.1，生物质能比重会增加 8.83%，而煤炭比重会减少 12.05%。但不平等程度对优质能源的影响并不显著。而对用电量不平等来说，用电量的人群分布差异越大，煤炭使用的比重越高，而电力消费和液化石油气消费的比重则越低。具体来说，用电量不平等每增加 0.1，家庭煤炭比重会增加 6.16%，而电力比重和液化石油气比重则分别降低 5.1% 和 2.11%。

从该结果中可以看出，用能不平等确实会阻碍能源转型，这主要表现为用能总量不平等的恶化会导致煤炭比重和生物质能比重两者的此消彼长，而并不会增加优质能源的使用；而从用电量不平等来看，即用电差异加大会增加煤炭消费比重而降低优质能源使用比重。总体而言，用能总量的不平等会对能源阶梯的第一阶梯（初始能源）和第二阶梯（转型能源）造成显著影响，而电力这类优质能源的不平等则会对能源阶梯的第二阶梯（转型能源）和第三阶梯（优质能源）造成显著影响，两者共同阻碍了农村家庭能源次第提升。

表 6-6　　　　　　　　能源不平等对能源转型的影响

	边际效应							
	生物质能	煤炭	电力	LPG	生物质能	煤炭	电力	LPG
用能总量	0.883***	-1.205***	0.041	0.101				
	(0.145)	(0.097)	(0.082)	(0.063)				
用电量					-0.344	0.616***	-0.510***	-0.211***
					(0.263)	(0.125)	(0.116)	(0.069)
控制变量	是	是	是	是	是	是	是	是
观测值	3846	3846	3846	3846	3846	3846	3846	3846

注：***、**、*分别表示在1%、5%、10%的水平上显著，括号内为稳健标准误。回归结果中的解释变量为用能总量基尼系数和电力消费基尼系数；被解释变量为各类能源比重。

第四节　本章小结

虽然许多学者对不平等的测度进行了大量研究，但对不平等如何影响能源转型的研究还较为缺乏。本章认为由于家庭收入与支出数据在衡量不平等方面存在一些局限性，而家庭能源消费数据能够捕捉到不同耗能设备给消费者带来的效用，可以更加直接地测度不同耐用品所带来的服务流。因此，本章提出能源消费数据将更加直接、准确和可靠，并能更好地用来测度不平等程度，进而能够更加准确地识别出农村地区能源转型的障碍。

基于详尽的大型数据库 CRECS 2013 和 CRECS 2014，本章采用洛伦兹曲线、基尼系数和洛伦兹不对称系数从多个维度对中国的不平等情况进行了分析，并识别出不平等的来源。结果显示农村地区的能源消费和能源支出不平等情况差异巨大。从能源品种来看，液化石油气的不平等程度最高，基尼系数达到0.847；其次是煤炭（0.829）和生物质能（0.711）。电力的不平等程度较低，基尼系数为0.470。从能源用途来看，空间制冷用途的基尼系数最高，达到

0.913，其次是热水和空间供暖，分别为 0.901 和 0.740。较其他三类用途来看，烹饪和家用电器与照明的不平等程度较低，分别为 0.526 和 0.425。通过对能源用途的不平等进行分解，结果发现，空间供暖对能源不平等的贡献最大，高达 64%；其次为烹饪，达到 28.7%。

  本章还从多个维度对中国能源不平等问题进行了研究，结果发现中国的能源消费不平等和能源支出的不平等在东中西区域、五大气候区和不同收入分组也有很大差异。从东、中、西三个区域来看，中西部地区的不平等程度均高于东部地区。从气候分区来看，温暖地区用电量不平等程度最高；夏热冬冷地区和夏热冬暖地区的用能总量不平等程度最高；温和地区和严寒地区的能源支出不平等程度最高，寒冷地区不平等程度最低。而从取暖和制冷两个用途来看，夏热冬暖地区的取暖不平等程度最高，严寒地区和温暖地区的制冷不平等程度最高。其中，严寒地区和夏热冬冷地区分别对不平等的贡献最大。从收入分组来看，收入的组间的交叠效应对不平等的贡献最大。从影响因素的视角来看，技术水平（即单位面积能耗强度）对不平等的贡献最大。通过定量估计不平等对能源转型的影响，结果发现，能源不平等阻碍了农村家庭的能源转型，用能总量的不平等和用电量不平等对能源转型的影响分别体现在能源第一阶梯到第二阶梯的爬升过程和能源第二阶梯到第三阶梯的爬升过程中。

  虽然笔者认为本章研究是对于以往文献的重要补充，但也存在一定的不足。由于本章内容依赖于横截面的家庭调查数据，因此无法追踪能源不平等的动态变化情况。此外，收入、支出和能源的调查数据不可避免地都会存在收集过程中的主观测量误差问题。尤其是在发展中国家的农村地区，这个问题更为突出。这些不足都是未来研究的重要方向。

第七章

结论与启示

本章首先对此前各个章节的重要结论进行回顾和总结。其次，在前述章节相关研究结论的基础上，提出本书研究对于推进中国农村家庭能源转型的一些政策启示。最后指出本书研究中存在的不足之处，并探讨未来可以深入研究和改进的方向。

第一节 主要研究结论

本书利用全国大规模的微观调查数据，对"如何测度农村家庭能源消费""中国农村家庭能源消费什么样""什么影响了农村家庭能源消费选择"和"政策对农村家庭能源转型的干预效果如何"以及"不平等如何阻碍农村家庭能源转型"等问题进行了探讨，并基于理论与实证分析的结论提出了推进和完善中国农村家庭用能转型的政策建议。本书的基本结论如下。

第一，目前国内缺乏一套统一、通用且可行性较高的能源核算方法，且由于数据层面的限制，尚未有学者或机构对全国农村家庭的能源消费特征进行画像且进行全面系统的研究。本书在对多种核算方法进行优劣势比较的基础上，提出了一种基于设备的自下而上的家庭能源消费核算方法，并利用该方法描绘和刻画了中国农村家庭能源消费的基本特征，以及总结了目前农村家庭在能源消费上存在的不平衡不充分问题。具体来说，中国农村家庭能源消费量虽然呈现持续增长趋势，但目前以薪柴和秸秆等低效能源占主导地位的用能结构仍存在很大的改进空间。从地区差异来看，农村家庭能源消费的水平与结构不仅与地区经济条件有关，并且也受气候条件的影响。在终端能源用途上，中国农村家庭能源消费主要集中在取暖和烹饪用途，而发达国家则主要以取暖用途为主。中国农村家庭能源消费在烹饪用途的高度集中也从侧面反映了中国农村家庭的高恩格尔系数，农村家庭收入仍处于较低的水平。同时，对于家庭能源碳排放的核算需要重点考虑生物质能的影响，若以碳中和来考虑生物质能的碳排放，那么家庭能源碳排放将降低一半。

第二，为进一步识别出影响中国农村家庭能源消费选择的原因，基于能源阶梯理论构建了实证模型对农村家庭用能选择的影响因素进行分析。研究发现，中国农村家庭存在能源阶梯，即收入的增长会助力于居民用能的转型升级；人口统计学特征（例如，户主受教育年限、户主性别和家庭规模）也会对家庭用能选择产生影响；能源价格对家庭用能选择的影响在烹饪用途和取暖用途上存在差异，这是因为中国居民部门能源价格存在黏性，烹饪用途的价格弹性并不高，而取暖用途由于能耗量巨大，价格效应尤其明显，这使得取暖用途的能源转型难度很大，因而能源替代中的补贴形式尤为重要。通过对能源阶梯理论和能源堆叠理论进行讨论，发现中国农村家庭的用能品种数量会随着收入的上升呈现先上升后下降的倒"U"型趋势。

第三，更进一步的，本书评估了中国政府目前在农村地区推行的能源替代政策的实施效果。通过对散煤治理政策中"煤改电"政策和优质燃煤替代政策的分析，结果发现行政命令式的能源替代政策能够帮助能源结构优化目标的实现，但是从居民福利来说，两种政策形式的实施效果各有优劣，"煤改电"政策的实施无法保障家庭在供暖季的用能需求，而优质燃煤替代政策却在室内空气污染治理方面表现不佳。能源基础设施建设不完善和能源成本负担过高限制了能源替代政策的实施效果，"一刀切"式的能源替代政策亟待完善。

第四，本书探讨了中国农村家庭能源转型过程中的障碍之一——能源不平等，并考察了能源不平等阻碍农村家庭能源转型的具体表现。目前中国农村家庭能源消费的不充分与不平衡除了直观地体现在总量和结构的绝对水平上外，还体现在能源消费的人群分布上。通过对农村家庭能源消费的不平等程度进行衡量，用具体指标量化了中国农村能源家庭的不平衡和不充分，并利用分解的方法对不平衡和不充分的来源进行了探讨，定量分析了不平等对能源转型的影响程度。结果显示中国农村家庭的能源消费和能源支出的不平等差异较大。用能总量不平等阻碍了能源从第一阶梯到第二阶梯的提升，而用电量不平等则阻碍了家庭能源从第二阶梯到第三阶梯的提升。从能源品种来看，除电力外，由于基础设施和配套设施建设不完备，类似于液化石油气这类优质能源在农村地区不平等程度也很高，而像煤炭和柴草等传统固体燃料的不平等系数较高则在于农村地区能源结构的不断优化。从能源用途来看，与气候条件关系密切的能源用途不平等程度都较高。对不平等的分解结果发现生物质能、供暖和制冷、区域内差异、严寒地区和夏热冬冷地区、收入组交叠差异和单位面积能耗分别对不平等的贡献最大。此外，本章的结果在一定程度上印证了能源消费作为耐用品的服务流能够更加准确地衡量不平等程度的观点。

第二节　政策启示

面对中国农村家庭能源消费中存在的一系列问题，农村家庭能源转型任重而道远。这不仅需要政府的大力推动，同时还需要学术界的相应理论与实证研究支撑，本书的相关研究对解决中国农村家庭能源消费中存在的不平衡不充分问题提供一定的理论指导与建议，具体包括以下几个方面的启示。

第一，对于数据统计核算的启示。首先，从数据统计层面来看，尽管中国官方有专门针对能源部门生产与消费的统计资料（例如《中国能源统计年鉴》以及《中国农村能源年鉴》），但这类数据都是从宏观层面对居民部门能源消费进行的统计，最多也只细分至各省市地区，缺乏微观层面的住户调查统计，进而限制了中国学者对家庭用能行为的深化研究。因此，中国官方统计部门应该加强地级市及以下层面能源统计能力的建设，探索开展居民部门能源消费的入户调查工作。

从数据统计口径和质量来看，柴草等传统生物质能是中国农村家庭的主要燃料来源，然而《中国农村能源年鉴》作为唯一可公开获取的生物质能消费数据来源，该数据由乡镇进行收集，数据质量并不高，这阻碍了对农村家庭能源转型潜力的分析。从这一点来说，官方统计部门需要构建一套统一、完整、灵活和透明的农村能源消费统计核算框架，以适应各类特定的能源品种和终端需求的统计核算，填补中国农村家庭能源数据的空白。

第二，对于推进能源转型的启示。为达到能源可接受和能源可获得的目标，政府需要从提高能源可支付性和能源可接入性着手。换言之，为了使农村家庭获得充足的清洁高效能源，政府应该将提高家庭收入和完善能源基础设施作为促进农村家庭能源转型的两大抓手。

尽管中国乡村及偏远地区能源基础设施已经趋于完善，能源可获得性对中国农村地区能源转型的影响已大幅降低，但实现优质能源的公平接入一直是推进能源转型的基础，无米难为炊，若无配套的能源基础设施和优质能源的接入，那么即使农村居民增收再快再多，也无法优化农村家庭的用能结构。因此，要加强能源基础设施的扩建，加快由传统生物质能向现代商业能源的转型。例如，为缓解液化石油气使用的不平等，应在农村的人口稠密地区兴建液化石油气储存和配送站；为缓解热水使用的不平等，应大力倡导太阳能热水器的使用。

虽然中国农村均已基本实现电力全覆盖，煤炭和传统生物质能在农村家庭中逐渐被其他能源取代，能源使用结构日趋优化，但农村仍存在"有电用不起"现象，部分农村居民基于对能源支出的考虑，并不会选择使用现代能源，仍将传统能源作为最主要的能源品种。因此，政府需要将重点放在对优质能源的成本负担问题上。本书发现收入效应在政策干预中并未发挥作用，燃料价格补贴仍是中国推进转型的重要动力。但同时能源补贴的效果却往往与其实施初衷相违背。能源补贴的目标在于帮助贫困人群获取现代能源，但最终惠及的却是部分收入较高人群。能源补贴通常是根据能源使用量进行补贴，用得多补得多，而富裕家庭的能源使用量远高于贫困家庭，这就导致富裕家庭所获得的能源补贴更多（Coady，et al.，2015；Soile，Mu，2015），能源补贴在一定程度上呈现出"累进性"。那么为缓解这一问题，首先需要政府改变以往的普惠制能源补贴思路，敢于制度创新，加强效率瞄准，制定差别化的财税和能源政策，采取兜底式的精准扶贫措施，将原本用于改善高收入人群和经济发展水平较高地区能源转型的财政资金转移到贫困地区和低收入人群上来，实现财政资金向低收入人群和落后地区的倾斜。这样有助于确保贫困家庭的优质能源有得用并且用得起，帮助贫困家庭摆脱能源短缺和能源劣质的现状，进而补足居民能源转型的短板，推进能源转型的全面实现，使有限的财政资金实现效用最大化，达到能源转型的双赢。例如，政府可以考虑将交叉补贴政策与低保政策相结合的方式，将保民生落到实处，进一步实现精准扶贫，提升能源领域管理的科学性。

从农村居民增收的角度来说，政府应大力推动就业、农村创业和农村产业发展等，实现农村共享发展，提升农村居民的内在发展动力。放眼目前中国农村地区的能源转型事实，向优质商品能源转型的条件并不完全具备，不同地区由于资源禀赋差异和收入差异较大，农村能源转型更加需要具体问题具体分析。因此，政府应采取有针对性的能源转型政策，例如，在优质能源难以普及的西南地区和东北地区，政府应加强对传统生物质能的清洁化利用，使之成为能源转型过程中的重要备选项之一，此时本书所提到的初始能源就不应再被统一定义为劣质能源；而华北地区则应该加强煤炭的转换利用。

第三，对于实施能源替代政策的启示。不可否认，能源转型离不开政府的干预。首先，政策制定者需要明确能源转型的方式，究竟是应该采取渐进式能源转型还是"一刀切"的行政命令式能源转型。在明确这两个问题答案的基础上，政府需要做好政策效果的预评估。从本书结果来看，尽管散煤治理政策并未达到预期的双重目标，但这并不意味着政府对能源转型政策的推动不可取，只是政府行政命令式的能源替代政策应在事前做好对能源供需的预测以及对能源基础设施建设的评估，保证在突发情况下对农村家庭的多渠道能源供应。其次，需要注意的是，由于中国能源价格存在黏性，若取消现行煤改政策中的燃料价格补贴，则政策效果的可持续性是存疑的。政府应加强对政策可持续性的考虑，与其依靠价格补贴和设备购置补贴推动能源替代进程，政府更多地应该是让收入效应发挥作用，同时创新价格机制设计，通过加强能源标识项目的推广提高用能设备的能源效率。

第三节　研究局限与未来展望

虽然本书在研究内容上、研究方法上和数据资料上对现有文献进行了一定的补充，但仍有许多方面亟待完善和进一步深入研究。

一　研究内容的不足

一般来说，家庭能源消费问题的研究应该同时包括家庭能源消费数量和能源消费结构两个方面。但从本书的逻辑框架来看，对影响因素的分析仅着墨于用能选择问题，而未对能源需求的收入弹性和价格弹性进行分析。这是因为本书认为虽然微观层面数据有助于捕捉到家庭层面的行为特征信息，但混合截面数据对于弹性的估计并不如面板数据模型的估计效果。若未来能实现对已调研家庭的长期跟踪调查，那将为估计更加准确的收入与价格弹性系数提供可能。

二 研究方法的不足

首先，尽管本书认为基于用能设备的自下而上的家庭能源消费核算方法能够从多个方面弥补现有方法的不足，但不可否认的是本方法以微观入户调查数据为基础进行核算，因此也不可避免会存在微观入户调查数据收集中普遍存在的测量偏误等问题。本方法只能说是在综合测度精度、人力物力财力投入和应用可行性方面的首选。当然，若在财力支持的情况下，采用家庭用能设备端的实时用能监控仪表则将是测度家庭能源消费的最优选择。

其次，对于政策评估部分来说，作者并不否认倾向匹配得分方法在政策效应估计方面存在不足。例如，该方法在处理政策内生性方面的缺陷，但是从本书数据形式来看，在其他政策评估方法无法使用的情况下，倾向匹配得分方法是次优选择。因此，未来若能扩充数据样本到更长的时间维度以及获取更加精确的地理定位信息将有助于加深对该问题的研究。例如，采用双重差分方法或者地理断点估计方法进行分析。

三 数据资料的不足

尽管本书利用微观入户的能源调查数据对家庭能源消费情况的多个方面进行了深入探讨，但由于各章内容基本都依赖于横截面的家庭调查数据，因此无法追踪农村家庭能源消费的动态演变及发展趋势。尤其是自2015年以来，中国中西部农村住房建设发展迅速，农村能源消耗结构等情况发生了巨大变化，这是本书极大的不足。同时，在问卷设计上，由于能源部分问题占据较大篇幅，导致其他方面问题的压缩，这在一定程度上限制了实证分析部分的深入分析，尤其是住房特征（包括墙体厚度、墙体通风度等）对能源需求的影响。此外，这一问题也限制了对合适的工具变量的选取。不可否认的是，目前文中所使用数据年份较为陈旧，有待进一步更新。

附　　录

附录1　终端智能监测器与问卷调查成本比较

　　作者通过在购物网站搜索可得某家庭用能监测器（该监测器可通过监控家庭用能设备的使用情况获得多种商品能源的实时消费量）的价格为249美元，约合人民币1800元。若问卷样本数量为2000户家庭，那么用于购买监测器的成本为360万元。而若使用家庭入户问卷调查来收集家庭能源消费数据，则可采取的形式有两种。第一种为由学校组织招募学生作为调研员进行调查，第二种为将问卷调查外包给专业调研公司进行调查。

　　对于学校组织的家庭问卷调查，根据市场价格，打印一份问卷的价格最高不超过10元，那么2000份问卷的成本为2万元。而无论是采用监测器形式还是入户调查形式，都离不开调研员或者电表工作人员入户进行问卷调查或安装监测器。假设共有50名工作人员或学生参与问卷调研或安装工作，那么每人的差旅费和人员费分别为3000元和600元，总计分别为15万元和3万元。更重要的是，终端智能监测器要求24小时工作，并将记录数据实时上传到手机应用程序，而农村地区的智能手机和互联网普及度还有待提高，这就产生了额外的手机购买和互联网费用。对于将问卷外包给专业的调研公司，根据CRECS的以往经验，一份问卷的平均成本约为200元。

　　若要进行为期5年的数据收集，那么就需要开展5次家庭入户调查，这样计算得到采用监测器的总成本为378万元，这还是未考虑手机购买和互联网费用的情况。采用入户调查的总成本则分别为100万元和200万元。综上所述，若基于成本角度的考量，则采用智能监测器方式进行数据收集的成本远高于入户调查。具体见附表1。

附表1 终端智能监测器与问卷调查的成本比较 （单位：元）

事项	家庭监测器	问卷调查（学生）	问卷调查（调研公司）
购买监测器/问卷打印	360万	2万*5	-
差旅费	15万	15万*5	-
人员费	3万	3万*5	-
手机和网络费用	-	-	-
问卷公司	-	-	200*2000*5
总计	>378万	100万	200万

附录 2　STIRPAT 回归结果

附表 2　　　　　　　　　　STIRPAT 回归结果

变量	用能总量	用电量
家庭规模	0.139 ***	0.167 ***
	(0.016)	(0.016)
电视机数量	0.192 ***	0.333 ***
	(0.032)	(0.033)
灯泡数量	0.097 ***	0.187 ***
	(0.010)	(0.011)
单位面积能耗	0.763 ***	
	(0.006)	
单位面积电耗		0.740 ***
		(0.007)
常数项	4.907 ***	4.204 ***
	(0.029)	(0.026)
观测值	4612	4612
R – squared	0.765	0.739

注：括号内为标准误，***、**、* 分别表示在 1%、5%、10% 的水平上显著。

参考文献

别凡，2016，《北京散煤治理进入攻坚期》，《中国能源报》7月4日第15版。

曹静、胡文皓，2018，《中国城镇家庭汽油需求弹性估计》，《清华大学学报》（自然科学版）第5期。

曹静、谢阳，2011，《1999年至2007年期间中国人均柴油需求弹性》，《清华大学学报》（自然科学版）第2期。

柴发合等，2016，《农村居民散煤燃烧污染综合治理对策》，《环境保护》第6期。

仇焕广等，2015，《中国农村生活能源消费现状、发展趋势及决定因素分析——基于四省两期调研的实证研究》，《中国软科学》第11期。

崔一澜等，2016，《城市居民生活能源消费研究进展综述》，《中国人口·资源与环境》第12期。

杜晓林等，2018，《京津冀地区散煤综合治理成本效益分析》，《环境与可持续发展》第6期。

范金、胡汉辉，2002，《环境 Kuznets 曲线研究及应用》，《数学的实践与认识》第6期。

郭琪、樊丽明，2007，《城市家庭节能措施选择偏好的联合分析——对山东省济南市居民的抽样调查》，《中国人口·资源与环境》第3期。

贺勇，2017，《北京："煤改电"正攻坚》，《人民日报》4月22日第

10 版。

黄飞雪、靳玲，2011，《城市化对中国能源消费的影响机制研究》，《产业经济评论（山东）》第 1 期。

贾艳琴、张永凯，2013，《中国省际间电力消费差距演变研究》，《资源开发与市场》第 10 期。

李光全等，2010，《中国农村生活能源消费的空间格局变化》，《中国人口·资源与环境》第 4 期。

梁慧芳、曹静，2015，《中国城镇居民用电需求估算及阶梯电价方案设计》，《技术经济》第 6 期。

廖华、魏一鸣，2010，《世界能源消费的差异性与不平衡性及其变化研究》，《中国软科学》第 10 期。

林伯强等，2009，《有目标的电价补贴有助于能源公平和效率》，《金融研究》第 11 期。

刘虹，2015，《"煤改气"工程 且行且慎重——基于北京市"煤改气"工程的调研分析》，《宏观经济研究》第 4 期。

刘满芝等，2017，《中国城镇生活能源消费：影响因素分解及空间差异分析》，《首都经济贸易大学学报》第 19 期。

牛云翥等，2013，《家庭能源消费与节能减排的政策选择》，《中国软科学》第 5 期。

秦翊、侯莉，2013，《中国居民家庭能源消费的人口因素影响分析》，《统计与决策》第 19 期。

孙威等，2014，《能源贫困的识别方法及其应用分析——以云南省怒江州为例》，《自然资源学报》第 4 期。

王金南等，2006，《基于 GDP 的中国资源环境基尼系数分析》，《中国环境科学》第 1 期。

王钦池，2015，《城市规模、城市化率与碳排放关系研究——基于近半世纪 161 个国家的数据》，《西北人口》第 3 期。

王效华、冯祯民，2001，《运用聚类分析法进行中国农村家庭能源消费的区域划分》，《南京农业大学学报》第 4 期。

王效华、宋韬，1993，《江苏省常熟市农村民用能源分析》，《南京农业大学学报》第3期。

魏楚、韩晓，2018，《中国农村家庭能源消费结构：基于 Meta 方法的研究》，《中国地质大学学报》（社会科学版）第6期。

魏楚、沈子玥，2019，《基于城乡视角的居民能源消费影响因素研究》，《经济理论与经济管理》第12期。

毋波波等，2017，《京津冀居民燃煤大气污染排放特征及控制对策》，《环境保护》第21期。

Abrahamse, Wokje, Linda Steg, Charles Vlek, Talib Rothengatter, 2005, "A Review of Intervention Studies Aimed at Household Energy Conservation", *Journal of Environmental Psychology*, Vol. 25, No. 3, pp. 273 – 291.

Acharya, Rajesh, H. , Anver C. Sadath, 2017, "Implications of Energy Subsidy Reform in India", *Energy Policy*, Vol. 102, pp. 453 – 462.

Adkins, Edwin, Erika Tyler, Jin Wang, David Siriri, Vijay Modi, 2010, "Field Testing and Survey Evaluation of Household Biomass Cookstoves in Rural Sub – Saharan Africa", *Energy for Sustainable Development*, Vol. 14, No. 3, pp. 172 – 185.

Agurto Adrianzén, Marcos Miguel, 2011, *Improved Stove Adoption in the Northern Peruvian Andes*, Ph. D. dissertation, University of British Columbia.

Aklin, Michaël, Chaoyo Cheng, Johannes Urpelainen, Karthik Ganesan, Abhishek Jain, 2016, "Factors Affecting Household Satisfaction with Electricity Supply in Rural India", *Nature Energy*, Vol. 1, p. 16170.

Alam, Manzoor, Joy Dunkerley, Amulya Kumar Reddy, 2010, "Fuelwood Use in the Cities of the Developing World: Two Case Studies from India", *Natural Resources Forum*, Vol. 9, No. 3, pp. 205 – 213.

Alem, Yonas, Abebe D. Beyene, Gunnar Köhlin, Alemu Mekonnen,

2016, "Modeling Household Cooking Fuel Choice: A Panel Multinomial Logit Approach", *Energy Economics*, Vol. 59, pp. 129 – 137.

Allcott, Hunt, 2011, "Social Norms and Energy Conservation", *Journal of Public Economics*, Vol. 95, No. 9, pp. 1082 – 1095.

Allcott, Hunt, Todd Rogers, 2014, "The Short – Run and Long – Run Effects of Behavioral Interventions: Experimental Evidence from Energy Conservation", *American Economic Review*, Vol. 104, No. 10, pp. 3003 – 3037.

Anderson, Dennis ed., 2000, "*Energy and Economic Prosperity*", *World Energy Assessment: Energy and the Challenge of Sustainability*, New York: UNDP/UNDESA/WEC, pp. 394 – 413.

Anker – Nilssen, Per, 2003, "Household Energy Use and the Environment—a Conflicting Issue", *Applied Energy*, Vol. 76, No. 1 – 3, pp. 189 – 196.

Arora, Vipin, Jozef Lieskovsky, 2014, "Electricity Use as an Indicator of Us Economic Activity", *EIA Working Paper Series*. https: //www. eia. gov/workingpapers/pdf/electricity _ indicator. pdf #: ~ : text = We% 20argue% 20for% 20the% 20resurrection% 20of% 20an% 20old, data% 20are% 20available% 20weekly% 2C% 20possibly% 20hourly% 20by% 202015.

Arze del Granado, Francisco Javier, David Coady, Robert Gillingham, 2012, "The Unequal Benefits of Fuel Subsidies: A Review of Evidence for Developing Countries", *World Development*, Vol. 40, No. 11, pp. 2234 – 2248.

Asensio, Omar Isaac, Magali A. Delmas, 2017, "The Effectiveness of Us Energy Efficiency Building labels", *Nature Energy*, Vol. 2, No. 4, p. 17033.

Auffhammer, Maximilian, Erin T. Mansur, 2014, "Measuring Climatic Impacts on Energy Consumption: A Review of the Empirical Literature", *Energy Economics*, Vol. 46, pp. 522 – 530.

Aydinalp, Merih, V. Ismet Ugursal, Alan S. Fung, 2002, "Modeling of the Appliance, Lighting, and Space – Cooling Energy Consumptions in the Residential Sector Using Neural Networks", *Applied Energy*, Vol. 71, No. 2, pp. 87 – 110.

Bailis, Robert, Rudi Drigo, Adrian Ghilardi, Omar Masera, 2015, "The Carbon Footprint of Traditional Woodfuels", *Nature Climate Change*, Vol. 5, pp. 266 – 272.

Baland, Jean – Marie, Pranab Bardhan, Sanghamitra Das, Dilip Mookherjee, Rinki Sarkar, 2010, "The Environmental Impact of Poverty: Evidence from Firewood Collection in Rural Nepal", *Economic Development and Cultural Change*, Vol. 59, No. 1, pp. 23 – 61.

Barrington – Leigh, Christopher, Jill Baumgartner, Ellison Carter, Brian E. Robinson, Shu Tao, Yuanxun Zhang, 2019, "An Evaluation of Air Quality, Home Heating and Well – Being under Beijing's Programme to Eliminate Household Coal Use", *Nature Energy*, Vol. 4, No. 5, p. 416.

Becker, Lawrence, J., 1978, "Joint Effect of Feedback and Goal Setting on Performance: A Field Study of Residential Energy Conservation", *Journal of Applied Psychology*, Vol. 63, No. 4, pp. 428 – 433.

Benjamin, Dwayne, Loren Brandt, John Giles, 2005, "The Evolution of Income Inequality in Rural China", *Economic Development and Cultural Change*, Vol. 53, No. 4, pp. 769 – 824.

Bernard, Jean Thomas, Denis Bolduc, Nadège Désirée Yameogo, 2011, "A Pseudo – Panel Data Model of Household Electricity Demand", *Resource and Energy Economics*, Vol. 33, No. 1, pp. 315 – 325.

Berndt, Ernst, R., G. Campbell Watkins, 1977, "Demand for Natural Gas: Residential and Commercial Markets in Ontario and British Columbia", *Canadian Journal of Economics*, Vol. 10, No. 1, pp. 97 – 111.

Bernstein, Ronald, Reinhard Madlener, 2015, "Short – and Long – Run Electricity Demand Elasticities at the Subsectoral Level: A Cointegration Analysis for German Manufacturing Industries", *Energy Economics*, Vol. 48, pp. 178 – 187.

Bikkina, Srinivas, August Andersson, Elena N. Kirillova, Henry Holmstrand, Suresh Tiwari, A. K. Srivastava, D. S. Bisht, Örjan Gustafsson, 2019, "Air Quality in Megacity Delhi Affected by Countryside Biomass Burning", *Nature Sustainability*, Vol. 2, No. 3, pp. 200 – 205.

Bittle, Ronald, G., Robert Valesano, Greg Thaler, 1979, "The Effects of Daily Cost Feedback on Residential Electricity Consumption", *Behavior Modification*, Vol. 3, No. 2, pp. 187 – 202.

Boomhower, Judson, Lucas W. Davis, 2014, "A Credible Approach for Measuring Inframarginal Participation in Energy Efficiency Programs", *Journal of Public Economics*, Vol. 113, pp. 67 – 79.

Brandon, Gwendolyn, Alan Lewis, 1999, "Reducing Household Energy Consumption: A Qualitative and Quantitative Field Study", *Journal of Environmental Psychology*, Vol. 19, No. 1, pp. 75 – 85.

Budya, Hanung, Muhammad Yasir Arofat, 2011, "Providing Cleaner Energy Access in Indonesia through the Megaproject of Kerosene Conversion to Lpg", *Energy Policy*, Vol. 39, No. 12, pp. 7575 – 7586.

Cai, Hongbin, Yuyu Chen, Li – An Zhou, 2010, "Income and Consumption Inequality in Urban China: 1992 – 2003", *Economic Development and Cultural Change*, Vol. 58, No. 3, pp. 385 – 413.

Cai, Jing, Zhigang Jiang, 2008, "Changing of Energy Consumption Patterns from Rural Households to Urban Households in China: An Example from Shaanxi Province, China", *Renewable and Sustainable Energy Reviews*, Vol. 12, No. 6, pp. 1667 – 1680.

Cameron, Colin, Shonali Pachauri, Narasimha D. Rao, David McCollum, Joeri Rogelj, Keywan Riahi, 2016, "Policy Trade – Offs between Climate Mitigation and Clean Cook – Stove Access in South Asia", *Nature Energy*, Vol. 1, No. 1, p. 15010.

Carroll, James, Seán Lyons, Eleanor Denny, 2014, "Reducing Household Electricity Demand through Smart Metering: The Role of Improved Information About Energy Saving", *Energy Economics*, Vol. 45, pp. 234 – 243.

Chen, Han, Wenying Chen, 2019, "Potential Impact of Shifting Coal to Gas and Electricity for Building Sectors in 28 Major Northern Cities of China", *Applied Energy*, Vol. 236, pp. 1049 – 1061.

Chen, Jiandong, Shulei Cheng, Malin Song, 2017, "Decomposing Inequality in Energy – Related Co2 Emissions by Source and Source Increment: The Roles of Production and Residential Consumption", *Energy Policy*, Vol. 107, pp. 698 – 710.

Chen, Jiandong, Shulei Cheng, Malin Song, Yinyin Wu, 2016, "A Carbon Emissions Reduction Index: Integrating the Volume and Allocation of Regional Emissions", *Applied Energy*, Vol. 184, No. 15, pp. 1154 – 1164.

Chen, Shuqin, Nianping Li, Hiroshi Yoshino, Jun Guan, Mark D. Levine, 2011, "Statistical Analyses on Winter Energy Consumption Characteristics of Residential Buildings in Some Cities of China", *Energy and Buildings*, Vol. 43, No. 5, pp. 1063 – 1070.

Chen, Xi, William D. Nordhaus, 2011, "Using Luminosity Data as a Proxy for Economic Statistics", *Proceedings of the National Academy of Sciences*, Vol. 108, No. 21, pp. 8589 – 8594.

Chen, Zhan – Ming, Gong Chen, Baoguo Chen, 2013, "Embodied Carbon Dioxide Emission by the Globalized Economy: A Systems Ecological Input – Output Simulation", *Journal of Environmental Informatics*, Vol. 21, No. 1, pp. 35 – 44.

Cheng, Miaomiao, Guorui Zhi, Wei Tang, Shijie Liu, Hongyan Dang,

Zheng Guo, Jinhong Du, Xiaohui Du, Weiqi Zhang, Yujie Zhang, Fang Meng, 2017, "Air Pollutant Emission from the Underestimated Households' Coal Consumption Source in China", *Science of The Total Environment*, Vol. 580, pp. 641 – 650.

Clancy, Luke, Pat Goodman, Hamish Sinclair, Douglas W. Dockery, 2002, "Effect of Air – Pollution Control on Death Rates in Dublin, Ireland: An Intervention Study", *The Lancet*, Vol. 360, No. 9341, pp. 1210 – 1214.

Clarke – Sather, Afton, Jiansheng Qu, Wang Qin, Jingjing Zeng, Li Yan, 2011, "Carbon Inequality at the Sub – National Scale: A Case Study of Provincial – Level Inequality in Co2 Emissions in China 1997 – 2007", *Energy Policy*, Vol. 39, No. 9, pp. 5420 – 5428.

Coady, David, Ian W. H. Parry, Louis Sears, Baoping Shang, 2015, "*How Large Are Global Energy Subsidies?*", International Monetary Fund Working Paper No. 15/105.

Cutler, David, M., Lawrence F. Katz, 1992, "Rising Inequality? Changes in the Distribution of Income and Consumption in the 1980s'", *The American Economic Review*, Vol. 82, No. 2, pp. 546 – 551.

Damgaard, Christian, Jacob Weiner, 2000, "Describing Inequality in Plant Size or Fecundity", *Ecological Society of America*, Vol. 81, No. 4, pp. 1139 – 1142.

Darby, Sarah, 2010, "Smart Metering: What Potential for Householder Engagement?", *Building Research and Information*, Vol. 38, No. 5, pp. 442 – 457.

Dartanto, Teguh, 2013, "Reducing Fuel Subsidies and the Implication on Fiscal Balance and Poverty in Indonesia: A Simulation Analysis", *Energy Policy*, Vol. 58, pp. 117 – 134.

Davis, Mark, 1998, "Rural Household Energy Consumption: The Effects of Access to Electricity—Evidence from South Africa", *Energy*

Policy, Vol. 26, No. 3, pp. 207 – 217.

Delmas, Magali, A., Miriam Fischlein, Omar I. Asensio, 2013, "Information Strategies and Energy Conservation Behavior: A Meta – Analysis of Experimental Studies from 1975 to 2012", *Energy Policy*, Vol. 61, pp. 729 – 739.

Ding, Zhihua, Guangqiang Wang, Zhenhua Liu, Ruyin Long, 2017, "Research on Differences in the Factors Influencing the Energy – Saving Behavior of Urban and Rural Residents in China – a Case Study of Jiangsu Province", *Energy Policy*, Vol. 100, pp. 252 – 259.

DiPrete, Thomas, A., Markus Gangl, 2004, "Assessing Bias in the Estimation of Causal Effects: Rosenbaum Bounds on Matching Estimators and Instrumental Variables Estimation with Imperfect Instruments", *Sociological Methodology*, Vol. 34, No. 1, pp. 271 – 310.

Druckman, A., T. Jackson, 2008, "Measuring Resource Inequalities: The Concepts and Methodology for an Area – Based Gini Coefficient", *Ecological Economics*, Vol. 65, No. 2, pp. 242 – 252.

Du, Limin, Jin Guo, Chu Wei, 2017, "Impact of Information Feedback on Residential Electricity Demand in China", *Resources, Conservation and Recycling*, Vol. 125, pp. 324 – 334.

Du, Xiaolin, Xiangzhao Feng, Mengxue Zhao, Min Wang, 2019, "Research on the Optimization of Capital for the Governance of Scattered Coal in Beijing – Tianjin – Hebei Region", *Journal of Resources and Ecology*, Vol. 10, No. 1, pp. 48 – 56.

Dubin, Jeffrey, A., Daniel L. McFadden, 1984, "An Econometric Analysis of Residential Electric Appliance Holdings and Consumption", *Econometrica*, Vol. 52, No. 2, pp. 345 – 362.

Duro, Juan Antonio, Emilio Padilla, 2006, "International Inequalities in Per Capita Co2 Emissions: A Decomposition Methodology by Kaya Factors", *Energy Economics*, Vol. 28, No. 2, pp. 170 – 187.

Ekholm, Tommi, Volker Krey, Shonali Pachauri, Keywan Riahi, 2010, "Determinants of Household Energy Consumption in India", *Energy Policy*, Vol. 38, No. 10, pp. 5696 – 5707.

El Tayeb Muneer, Siddig, El Waseilah, Mukhtar Mohamed, 2003, "Adoption of Biomass Improved Cookstoves in a Patriarchal Society: An Example fromSudan", *Science of The Total Environment*, Vol. 307, No. 1, pp. 259 – 266.

Elshennawy, Abeer, 2014, "The Implications of Phasing out Energy Subsidies in Egypt", *Journal of Policy Modeling*, Vol. 36, No. 5, pp. 855 – 866.

Energy Information Administration, 2009, "Residential Energy Consumption Survey (Recs)", 2009 RECS Survey Data, http://www.eia.gov/consumption/residential/data/2009/index.cfm?view=consumption.

Engvall, Karin, Erik Lampa, Per Levin, Per Wickman, Egil Öfverholm, 2014, "Interaction between Building Design, Management, Household and Individual Factors in Relation to Energy Use for Space Heating in Apartment Buildings", *Energy and Buildings*, Vol. 81, pp. 457 – 465.

Fan, Jing – Li, Yue – Jun Zhang, Bing Wang, 2017, "The Impact of Urbanization on Residential Energy Consumption in China: An Aggregated and Disaggregated Analysis", *Renewable and Sustainable Energy Reviews*, Vol. 75, pp. 220 – 233.

Fernandez, E., R. P. Saini, V. Devadas, 2005, "Relative Inequality in Energy Resource Consumption: A Case of Kanvashram Village, Pauri Garhwal District, Uttranchall (India)", *Renewable Energy*, Vol. 30, No. 5, pp. 763 – 772.

Filippini, Massimo, Mehdi Farsi, Shonali Pachauri, 2007, "Fuel Choices in Urban Indian Households", *Environment and Development*

Economics, Vol. 12, No. 6, pp. 757 – 774.

Filippini, Massimo, Shonali Pachauri, 2004, "Elasticities of Electricity Demand in Urban Indian Households", *Energy Policy*, Vol. 32, No. 3, pp. 429 – 436.

Fischer, Corinna, 2008, "Feedback on Household Electricity Consumption: A Tool for Saving Energy?", *Energy Efficiency*, Vol. 1, No. 1, pp. 79 – 104.

Franco, Sainu, Venkata Ravibabu Mandla, K. Ram Mohan Rao, 2017, "Urbanization, Energy Consumption and Emissions in the Indian Context a Review", *Renewable and Sustainable Energy Reviews*, Vol. 71, pp. 898 – 907.

Frondel, Manuel, Steffen Lohmann, 2011, "The European Commission's Light Bulb Decree: Another Costly Regulation?", *Energy Policy*, Vol. 39, No. 6, pp. 3177 – 3181.

Gangopadhyay, Shubhashis, Bharat Ramaswami, Wilima Wadhwa, 2005, "Reducing Subsidies on Household Fuels in India: How Will It Affect the Poor?", *Energy Policy*, Vol. 33, No. 18, pp. 2326 – 2336.

Garcia – Cerrutti, L. Miguel, 2000, "Estimating Elasticities of Residential Energy Demand from Panel County Data Using Dynamic Random Variables Models with Heteroskedastic and Correlated Error Terms", *Resource and Energy Economics*, Vol. 22, No. 4, pp. 355 – 366.

Gates, David, F., Jason Z. Yin ed., 2018, "Urbanization and Energy in China: Issues and Implications", *Urbanization and Social Welfare in China*, New York: Routledge, pp. 351 – 371.

Geelen, Daphne, Ruth Mugge, Sacha Silvester, Annemieke Bulters, 2019, "The Use of Apps to Promote Energy Saving: A Study of Smart Meter – Related Feedback in the Netherlands", *Energy Efficiency*, Vol. 12, No. 6, pp. 1635 – 1660.

Geller, E. Scott, 1981, "Evaluating Energy Conservation Programs: Is

Verbal Report Enough?", *Journal of Consumer Research*, Vol. 8, No. 3, pp. 331 – 335.

Glasgo, Brock, Chris Hendrickson, Inês M. L. Azevedo, 2017a, "Using Advanced Metering Infrastructure to Characterize Residential Energy Use", *The Electricity Journal*, Vol. 30, No. 3, pp. 64 – 70.

Glasgo, Brock, Chris Hendrickson, Inês M. L. Azeved Azevedo, 2017b, "Using Advanced Metering Infrastructure to Characterize Residential Energy Use", *Electricity Journal*, Vol. 30, No. 3, pp. 64 – 70.

Grieshop, Andrew, P., Julian D. Marshall, Milind Kandlikar, 2011, "Health and Climate Benefits of Cookstove Replacement Options", *Energy Policy*, Vol. 39, No. 12, pp. 7530 – 7542.

Groot, Loek, 2010, "Carbon Lorenz Curves", *Resource and Energy Economics*, Vol. 32, No. 1, pp. 45 – 64.

Guerra Santin, Olivia, Laure Itard, Henk Visscher, 2009, "The Effect of Occupancy and Building Characteristics on Energy Use for Space and Water Heating in Dutch Residential Stock", *Energy and Buildings*, Vol. 41, No. 11, pp. 1223 – 1232.

Gupta, Gautam, Gunnar Köhlin, 2006, "Preferences for Domestic Fuel: Analysis with Socio – Economic Factors and Rankings in Kolkata, India", *Ecological Economics*, Vol. 57, No. 1, pp. 107 – 121.

Han, Hongyun, Shu Wu, Zhijian Zhang, 2018, "Factors Underlying Rural Household Energy Transition: A Case Study of China", *Energy Policy*, Vol. 114, pp. 234 – 244.

Hanna, Rema, Paulina Oliva, 2015, "Moving up the Energy Ladder: The Effect of an Increase in Economic Well – Being on the Fuel Consumption Choices of the Poor in India", *American Economic Review*, Vol. 105, No. 5, pp. 242 – 246.

Hassett, Kevin, A., Aparna Mathur, 2012, "A New Measure of Consumption Inequality", *AEI Economic Studies*, No. 2.

Havranek, Tomas, Ondrej Kokes, 2015, "Income Elasticity of Gasoline Demand: A Meta - Analysis", *Energy Economics*, Vol. 47, pp. 77 - 86.

Hayes, S. C., J. D. Cone, 1981, "Reduction of Residential Consumption of Electricity through Simple Monthly Feedback", *Journal of Applied Behavioral Analysis*, Vol. 14, No. 1, pp. 81 - 88.

He, Zhengxia, Shichun Xu, Wenxing Shen, Ruyin Long, Hong Chen, 2017, "Impact of Urbanization on Energy Related Co2 Emission at Different Development Levels: Regional Difference in China Based on Panel Estimation", *Journal of Cleaner Production*, Vol. 140, pp. 1719 - 1730.

Heckman, James, J., Hidehiko Ichimura, Petra Todd, 1998, "Matching as an Econometric Evaluation Estimator", *The Review of Economic Studies*, Vol. 65, No. 2, pp. 261 - 294.

Heil, Mark, T., Quentin T. Wodon, 1997, "Inequality in Co2 Emissions between Poor and Rich Countries", *Journal of Environment and Development*, Vol. 6, No. 4, pp. 426 - 452.

Heil, Mark, T., Quentin T. Wodon, 2000, "Future Inequality in Co2 Emissions and the Impact of Abatement Proposals", *Environmental and Resource Economics*, Vol. 17, No. 2, pp. 163 - 181.

Heltberg, Rasmus, 2004, "Fuel Switching: Evidence from Eight Developing Countries", *Energy Economics*, Vol. 26, No. 5, pp. 869 - 887.

Heltberg, Rasmus, 2006, "Factors Determining Household Fuel Choice in Guatemala", *Environment and Development Economics*, Vol. 10, No. 3, pp. 337 - 361.

Heltberg, Rasmus, Thomas Channing Arndt, Nagothu Udaya Sekhar, 2000, "Fuelwood Consumption and Forest Degradation: A Household Model for Domestic Energy Substitution in Rural India", *Land Economics*, Vol. 76, No. 2, pp. 213 - 232.

Henderson, J. Vernon, Adam Storeygard, David N. Weil, 2012, "Measuring Economic Growth from Outer Space", *American Economic Review*, Vol. 102, No. 2, pp. 994 – 1028.

Hiemstra – van der Horst, Greg, Alice J. Hovorka, 2008, "Reassessing the 'Energy Ladder': Household Energy Use in Maun, Botswana", *Energy Policy*, Vol. 36, No. 9, pp. 3333 – 3344.

Hirst, Eric, 1978, "A Model of Residential Energy Use", *Simulation*, Vol. 30, pp. 69 – 74.

Hosier, Richard, H., Jeffrey Dowd, 1987, "Household Fuel Choice in Zimbabwe: An Empirical Test of the Energy Ladder Hypothesis", *Resources and Energy*, Vol. 9, No. 4, pp. 347 – 361.

Hosier, Richard, H., W. Kipondya, 1993, "Urban Household Energy Use in Tanzania: Prices, Substitutes and Poverty", *Energy Policy*, Vol. 21, No. 5, pp. 454 – 473.

Hou, Bing Dong, Xin Tang, Chunbo Ma, Li Liu, Yi Ming Wei, Hua Liao, 2016, "Cooking Fuel Choice in Rural China: Results from Microdata", *Journal of Cleaner Production*, Vol. 142, pp. 538 – 547.

Hutton, R. Bruce, Dennis L. Mcneill, 1981, "The Value of Incentives in Stimulating Energy Conservation", *Journal of Consumer Research*, Vol. 8, No. 3, pp. 291 – 298.

International Energy Agency, 2015, *Electricity Information* 2015, IEA,

Issa, R. R. A., I. Flood, M. Asmus, 2001, "Development of a Neural Network to Predict Residential Energy Consumption", *Paper Delivered to Proceedings of the Sixth International Conference on Application of Artificial Intelligence to Civil and Structural Engineering, Stirling, Scotland*, September 19.

Jacmart, Marie Claude, Maryse Arditi, Irene Arditi, 1979, "The World Distribution of Commercial Energy Consumption", *Energy Policy*, Vol. 7, No. 3, pp. 199 – 207.

Jacobson, Arne, Anita D. Milman, Daniel M. Kammen, 2005, "Letting the (Energy) Gini out of the Bottle: Lorenz Curves of Cumulative Electricity Consumption and Gini Coefficients as Metrics of Energy Distribution and Equity", *Energy Policy*, Vol. 33, No. 14, pp. 1825 – 1832.

Jagger, Pamela, Ipsita Das, Sudhanshu Handa, Leena A. Nylander – French, Karin B. Yeatts, 2019, "Early Adoption of an Improved Household Energy System in Urban Rwanda", *EcoHealth*, Vol. 16, No. 1, pp. 7 – 20.

Jan, Inayatullah, 2012, "What Makes People Adopt Improved Cookstoves? Empirical Evidence from Rural Northwest Pakistan", *Renewable and Sustainable Energy Reviews*, Vol. 16, No. 5, pp. 3200 – 3205.

Jia, Jun – Jun, Jin – Hua Xu, Ying Fan, Qiang Ji, 2018, "Willingness to Accept Energy – Saving Measures and Adoption Barriers in the Residential Sector: An Empirical Analysis in Beijing, China", *Renewable and Sustainable Energy Reviews*, Vol. 95, pp. 56 – 73.

Jiang, Zhujun, Xiaoling Ouyang, Guangxiao Huang, 2015, "The Distributional Impacts of Removing Energy Subsidies in China", *China Economic Review*, Vol. 33, pp. 111 – 122.

Jorgenson, Andrew, K., Alina Alekseyko, Vincentas Giedraitis, 2014, "Energy Consumption, Human Well – Being and Economic Development in Central and Eastern European Nations: A Cautionary Tale of Sustainability", *Energy Policy*, Vol. 66, pp. 419 – 427.

Joshi, Janak, Alok K. Bohara, 2017, "Household Preferences for Cooking Fuels and Inter – Fuel Substitutions: Unlocking the Modern Fuels in the Nepalese Household", *Energy Policy*, Vol. 107, pp. 507 – 523.

Joyeux, Roselyne, Ronald D. Ripple, 2007, "Household Energy Consumption Versus Income and Relative Standard of Living: A Panel Approach", *Energy Policy*, Vol. 35, No. 1, pp. 50 – 60.

Jumbe, Charles, B. L., Arild Angelsen, 2011, "Modeling Choice of

Fuelwood Source among Rural Households in Malawi: A Multinomial Probit Analysis", *Energy Economics*, Vol. 33, No. 5, pp. 732 – 738.

Kaiman, Jonathan, 2014, "China Gets Richer but More Unequal", The Guardian, http://www.theguardian.com/world/2014/jul/28/china – more – unequal – richer.

Kammen, Daniel, M., Charles Kirubi, 2008, "Poverty, Energy, and Resource Use in Developing Countries", *Annals of the New York Academy of Sciences*, Vol. 1136, No. 1, pp. 348 – 357.

Kanbur, Ravi, Xiaobo Zhang, 1999, "Which Regional Inequality? The Evolution of Rural – Urban and Inland – Coastal Inequality in China from 1983 to 1995", *Journal of Comparative Economics*, Vol. 27, No. 4, pp. 686 – 701.

Karimu, Amin, 2015, "Cooking Fuel Preferences among Ghanaian Households: An Empirical Analysis", *Energy for Sustainable Development*, Vol. 27, pp. 10 – 17.

Katzev, Richard, D., Theodore R. Johnson, 1984, "Comparing the Effects of Monetary Incentives and Foot – in – the – Door Strategies in Promoting Residential Electricity Conservation", *Journal of Applied Social Psychology*, Vol. 14, No. 1, pp. 12 – 27.

Kavgic, M., A. Mavrogianni, D. Mumovic, A. Summerfield, Z. Stevanovic, M. Djurovic – Petrovic, 2010, "A Review of Bottom – up Building Stock Models for Energy Consumption in the Residential Sector", *Building and Environment*, Vol. 45, No. 7, pp. 1683 – 1697.

Kavousian, Amir, Ram Rajagopal, Martin Fischer, 2013, "Determinants of Residential Electricity Consumption: Using Smart Meter Data to Examine the Effect of Climate, Building Characteristics, Appliance Stock, and Occupants' Behavior", *Energy*, Vol. 55, pp. 184 – 194.

Kempton, Willett, 1986, "Two Theories of Home Heat Control", *Cognitive Science*, Vol. 10, No. 1, pp. 75 – 90.

Kerimray, Aiymgul, Luis Rojas – Solórzano, Mehdi Amouei Torkmahalleh, Philip K. Hopke, Brian P. Ó Gallachóir, 2017, "Coal Use for Residential Heating: Patterns, Health Implications and Lessons Learned.", *Energy for Sustainable Development*, Vol. 40, pp. 19 – 30.

Khanna, Nina Zheng, Jin Guo, Xinye Zheng, 2016, "Effects of Demand Side Management on Chinese Household Electricity Consumption: Empirical Findings from Chinese Household Survey", *Energy Policy*, Vol. 95, pp. 113 – 125.

Krueger, Dirk, Fabrizio Perri, 2006, "Does Income Inequality Lead to Consumption Inequality? Evidence and Theory", *The Review of Economic Studies*, Vol. 73, No. 1, pp. 163 – 193.

Labandeira, Xavier, José M. Labeaga, Xiral López – Otero, 2017, "A Meta – Analysis on the Price Elasticity of Energy Demand", *Energy Policy*, Vol. 102, pp. 549 – 568.

Lawrence, Scott, Qin Liu, Victor Yakovenko, 2013, "Global Inequality in Energy Consumption from 1980 to 2010", *Entropy*, Vol. 15, No. 12, pp. 5565 – 5579.

Le, Chen, N. Heerink, M. Van Den Berg, 2006, "Energy Consumption in Rural China: A Household Model for Three Villages in Jiangxi Province", *Ecological Economics*, Vol. 58, No. 2, pp. 407 – 420.

Leach, Gerald, 1992, "The Energy Transition", *Energy Policy*, Vol. 20, No. 2, pp. 116 – 123.

Lenzen, Manfred, Mette Wier, Claude Cohen, Hitoshi Hayami, Shonali Pachauri, Roberto Schaeffer, 2006, "A Comparative Multivariate Analysis of Household Energy Requirements in Australia, Brazil, Denmark, India and Japan", *Energy*, Vol. 31, No. 2, pp. 181 – 207.

Lerman, Robert, I., Shlomo Yitzhaki, 1985, "Income Inequality Effects by IncomeSource: A New Approach and Applications to the United States", *Review of Economics and Statistics*, Vol. 67, No. 1, pp. 151 – 156.

Lewis, Jessica, J., Subhrendu K. Pattanayak, 2012, "Who Adopts Improved Fuels and Cookstoves? A Systematic Review", *Environmental Health Perspectives*, Vol. 120, No. 5, pp. 637 – 645.

Li, Jianglong, Chang Chen, Hongxun Liu, 2019, "Transition from Non – Commercial to Commercial Energy in Rural China: Insights from the Accessibility and Affordability", *Energy Policy*, Vol. 127, pp. 392 – 403.

Li, Jing, 2018, "What Caused China's Squeeze on Natural Gas?" The Diplomat, https://thediplomat.com/2017/12/what – caused – chinas – squeeze – on – natural – gas/.

Li, Julie Juan, Chenting Su, 2007, "How Face Influences Consumption", *International Journal of Market Research*, Vol. 49, No. 2, pp. 237 – 256.

Liddell, Christine, Chris Morris, 2010, "Fuel Poverty and Human Health: A Review of Recent Evidence", *Energy Policy*, Vol. 38, No. 6, pp. 2987 – 2997.

Liu, Jun, Gregor Kiesewetter, Zbigniew Klimont, Janusz Cofala, Chris Heyes, Wolfgang Schöpp, Tong Zhu, Guiying Cao, Adriana Gomez Sanabria, Robert Sander, Fei Guo, Qiang Zhang, Binh Nguyen, Imrich Bertok, Peter Rafaj, Markus Amann, 2019, "Mitigation Pathways of Air Pollution from Residential Emissions in the Beijing – Tianjin – Hebei Region in China", *Environment International*, Vol. 125, pp. 236 – 244.

Liu, Jun, Denise L. Mauzerall, Qi Chen, Qiang Zhang, Yu Song, Wei Peng, Zbigniew Klimont, Xinghua Qiu, Shiqiu Zhang, Min Hu, Weili Lin, Kirk R. Smith, Tong Zhu, 2016, "Air Pollutant Emissions from Chinese Households: A Major and Underappreciated Ambient Pollution Source", *Proceedings of the National Academy of Sci-*

ences, Vol. 113, No. 28, pp. 7756 – 7761.

Liu, Wenling, Gert Spaargaren, Nico Heerink, Arthur P. J. Mol, Can Wang, 2013, "Energy Consumption Practices of Rural Households in North China: Basic Characteristics and Potential for Low Carbon Development", *Energy Policy*, Vol. 55, pp. 128 – 138.

Liu, Wenling, Jinyun Zhang, Bettina Bluemling, Arthur P. J. Mol, Can Wang, 2015, "Public Participation in Energy Saving Retrofitting of Residential Buildings in China", *Applied Energy*, Vol. 147, pp. 287 – 296.

Long, James, E., 1993, "An Econometric Analysis of Residential Expenditures on Energy Conservation and Renewable Energy Sources", *Energy Economics*, Vol. 15, No. 4, pp. 232 – 238.

Longhi, Simonetta, 2014, "Residential Energy Use and the Relevance of Changes in Household Circumstances", *ISER Working Paper Series* 2014 – 22, Institute for Social and Economic Research.

Lopes, Luis, Shuichi Hokoi, Hisashi Miura, Kondo Shuhei, 2005, "Energy Efficiency and Energy Savings in Japanese Residential Buildings—Research Methodology and Surveyed Results", *Energy and Buildings*, Vol. 37, No. 7, pp. 698 – 706.

Ma, Chunbo, Hua Liao, 2018, "Income Elasticity of Cooking Fuel Substitution in Rural China: Evidence from Population Census Data", *Journal of Cleaner Production*.

Ma, Wanglin, Xiaoshi Zhou, Alan Renwick, 2019, "Impact of Off – Farm Income on Household Energy Expenditures in China: Implications for Rural Energy Transition", *Energy Policy*, Vol. 127, pp. 248 – 258.

Malla, Sunil, Govinda, R. Timilsina, 2014, "Household Cooking Fuel Choice and Adoption of Improved Cookstoves in Developing Countries: A Review", *World Bank Policy Research Working Paper*, No. 6903.

Manning, Dale, T., J. Edward Taylor, 2014, "Migration and Fuel Use in Rural Mexico", *Ecological Economics*, Vol. 102, pp. 126 – 136.

Mansur, Erin, T., Robert Mendelsohn, Wendy Morrison, 2008, "Climate Change Adaptation: A Study of Fuel Choice and Consumption in the Us Energy Sector", *Journal of Environmental Economics and Management*, Vol. 55, No. 2, pp. 175 – 193.

Mao, Xianqiang, Xiurui Guo, Yongguan Chang, Yingdeng Peng, 2005, "Improving Air Quality in Large Cities by Substituting Natural Gas for Coal in China: Changing Idea and Incentive Policy Implications", *Energy Policy*, Vol. 33, No. 3, pp. 307 – 318.

Masera, O. R., B. D. Saatkamp, D. M. Kammen, 2000, "From Linear Fuel Switching to Multiple Cooking Strategies: A Critique and Alternative to the Energy Ladder Model", *World Development*, Vol. 28, No. 12, pp. 2083 – 2103.

Mekonnen, Alemu, Gunnar Köhlin, 2008, "Determinants of Household Fuel Choice in Major Cities in Ethiopia", *Working Papers in Economics*, No. 399.

Mensah, Justice Tei, George Adu, 2015, "An Empirical Analysis of Household Energy Choice in Ghana", *Renewable and Sustainable Energy Reviews*, Vol. 51, pp. 1402 – 1411.

Miao, Lu, 2017, "Examining the Impact Factors of Urban Residential Energy Consumption and Co2 Emissions in China – Evidence from City – Level Data", *Ecological Indicators*, Vol. 73, pp. 29 – 37.

Michelsen, Carl Christian, Reinhard Madlener, 2016, "Switching from Fossil Fuel to Renewables in Residential Heating Systems: An Empirical Study of Homeowners' Decisions in Germany", *Energy Policy*, Vol. 89, pp. 95 – 105.

Midden, Cees, J. H., Joanne F. Meter, Mieneke H. Weenig, Henk J. A. Zieverink, 1983, "Using Feedback, Reinforcement and Information to Reduce Energy Consumption in Households: A Field – Experiment", *Journal of Economic Psychology*, Vol. 3, No. 1, pp. 65 – 86.

Mirza, Bilal, Adam Szirmai, 2010, "Towards a New Measurement of Energy Poverty: A Cross – Community Analysis of Rural Pakistan", *UNU – MERIT Working Paper Series* 024.

Murphy, James, T., 2001, "Making the Energy Transition in Rural East Africa: Is Leapfrogging an Alternative?" *Technological Forecasting and Social Change*, Vol. 68, No. 2, pp. 173 – 193.

Nakagami, Hidetoshi, Chiharu Murakoshi, Yumiko Iwafune, 2008, "International Comparison of Household Energy Consumption and Its Indicator", Paper Delivered to Proceedings of the 2008 ACEEE Summer Study on Energy Efficiency in Buildings, Washington D. C., USA, August, pp. 17 – 22.

Nansaior, Analaya, Aran Patanothai, A. Terry Rambo, Suchint Simaraks, 2011, "Climbing the Energy Ladder or Diversifying Energy Sources? The Continuing Importance of Household Use of Biomass Energy in Urbanizing Communities in Northeast Thailand", *Biomass and Bioenergy*, Vol. 35, No. 10, pp. 4180 – 4188.

Nesbakken, Runa, 1999, "Price Sensitivity of Residential Energy Consumption in Norway", *Energy Economics*, Vol. 21, No. 6, pp. 493 – 515.

Nilsson, Anders, Misse Wester, David Lazarevic, Nils Brandt, 2018, "Smart Homes, Home Energy Management Systems and Real – Time Feedback: Lessons for Influencing Household Energy Consumption from a Swedish Field Study", *Energy and Buildings*, Vol. 179, pp. 15 – 25.

Niu, Shuwen, Lili Hu, Yujie Qian, Baolin He, 2016, "Effective Pathway to Improve Indoor Thermal Comfort in Rural Houses: Analysis of Heat Efficiency ofElevated Kangs", *Journal of Energy Engineering*, Vol. 142, No. 4, p. 04015047.

Niu, Shuwen, Xin Zhang, Chunsheng Zhao, Yunzhu Niu, 2012, "Variations in Energy Consumption and Survival Status between Rural and Urban Households: A Case Study of the Western Loess Plateau, China", *Energy Policy*, Vol. 49, No. 10, pp. 515 – 527.

North South Ministerial Council, 2016, "Residential Solid Fuel and Air Pollution Study", *Ricardo Energy and Environment*, No. 3, March 15.

Nussbaumer, Patrick, Morgan Bazilian, Vijay Modi, 2012, "Measuring Energy Poverty: Focusing on What Matters", *Renewable and Sustainable Energy Reviews*, Vol. 16, No. 1, pp. 231 – 243.

O'Neill, Brian, C., Xiaolin Ren, Leiwen Jiang, Michael Dalton, 2012, "The Effect of Urbanization on Energy Use in India and China in the Ipets Model", *Energy Economics*, Vol. 34, pp. S339 – S345.

Ochieng, Caroline, Sotiris Vardoulakis, Cathryn Tonne, 2017, "Household Air Pollution Following Replacement of Traditional Open Fire with an Improved Rocket Type Cookstove", *Science of The Total Environment*, Vol. 580, pp. 440 – 447.

Ouedraogo, Boukary, 2006, "Household Energy Preferences for Cooking in Urban Ouagadougou, Burkina Faso", *Energy Policy*, Vol. 34, No. 18, pp. 3787 – 3795.

Ozturk, Harun Kemal, Olcay Ersel Canyurt, Arif Hepbasli, Zafer Utlu, 2004, "Residential – Commercial Energy Input Estimation Based on Genetic Algorithm (Ga) Approaches: An Application of Turkey", *Energy and Buildings*, Vol. 36, No. 2, pp. 175 – 183.

Pachauri, Shonali, Leiwen Jiang, 2008, "The Household Energy Transition in India and China", *Energy Policy*, Vol. 36, No. 11, pp. 4022 – 4035.

Pachauri, Shonali, Daniel Spreng, 2004, "Energy Use and Energy Access in Relation to Poverty," *Economic and Political Weekly*, Vol. 39, No. 3, pp. 271 – 278.

Padilla, Emilio, Juan Antonio Duro, 2013, "Explanatory Factors of Co2 Per Capita Emission Inequality in the European Union", *Energy*

Policy, Vol. 62, No. 9, pp. 1320 – 1328.

Pallak, Michael, S., William Cummings, 1976, "Commitment and Voluntary Energy Conservation", *Personality and Social Psychology Bulletin*, Vol. 2, No. 2, pp. 27 – 30.

Palmer, Jason, Nicola Terry, Tom Kane, Steven Firth, Mark Hughes, Peter Pope, Jacob Young, David Knight, Daniel Godoy – Shimizu, 2013, *Further Analysis of the Household Electricity Use Survey Electrical Appliances at Home: Tuning in to Energy Saving*, Cambridge Architectural Research Limited Reference 475/09/2012, November 29.

Peng, Liqun, Qiang Zhang, Zhiliang Yao, Denise L. Mauzerall, Sicong Kang, Zhenyu Du, Yixuan Zheng, Tao Xue, Kebin He, 2019, "Underreported Coal in Statistics: A Survey – Based Solid Fuel Consumption and Emission Inventory for the Rural Residential Sector in China", *Applied Energy*, Vol. 235, pp. 1169 – 1182.

Pereira, Marcio Giannini, Marcos Aurélio Vasconcelos Freitas, Neilton Fidelis da Silva, 2011, "The Challenge of Energy Poverty: Brazilian Case Study", *Energy Policy*, Vol. 39, No. 1, pp. 167 – 175.

Piketty, Thomas, Emmanuel Saez, 2006, "The Evolution of Top Incomes: A Historical and International Perspective", *American Economic Review*, Vol. 96, No. 2, pp. 200 – 205.

Poblete – Cazenave, Miguel, Shonali Pachauri, 2018, "A Structural Model of Cooking Fuel Choices in Developing Countries", *Energy Economics*, Vol. 75, pp. 449 – 463.

Qi, Fang, Lizi Zhang, Bin Wei, Guanghui Que, 2008, "An Application of Ramsey Pricing in Solving the Cross – Subsidies in Chinese Electricity Tariffs", Paper Delivered to International Conference on Electric Utility Deregulation and Restructuring and Power Technologies, Nanjing, China, April 6 – 9.

Qin, Zhou, 2013, "Research on Existing Problems and Countermeasures of Rural Renewable Energy Statistics in Hangzhou (in Chinese)", *Agro - Environment and Development*, No. 3, pp. 79 - 81.

Qiu, Huanguang, Jianbiao Yan, Zhen Lei, Dingqiang Sun, 2018, "Rising Wages and Energy Consumption Transition in Rural China", *Energy Policy*, Vol. 119, pp. 545 - 553.

Rahul Sharma, Karnamadakala, Gabriel Chan, 2016, "Energy Poverty: Electrification and Well - Being", *Nature Energy*, Vol. 1, p. 16171.

Rahut, Dil Bahadur, Bhagirath Behera, Akhter Ali, 2016, "Patterns and Determinants of Household Use of Fuels for Cooking: Empirical Evidence from Sub - Saharan Africa", *Energy*, Vol. 117, pp. 93 - 104.

Rahut, Dil Bahadur, Sukanya Das, Hugo De Groote, Bhagirath Behera, 2014, "Determinants of Household Energy Use in Bhutan", *Energy*, Vol. 69, pp. 661 - 672.

Rajan, Raghuram, G., Luigi Zingales, 1998, "Financial Dependence and Growth", *American Economic Review*, Vol. 88, No. 3, pp. 559 - 586.

Rao, M. Narasimha, B. Sudhakara Reddy, 2007, "Variations in Energy Use by Indian Households: An Analysis of Micro Level Data", *Energy*, Vol. 32, No. 2, pp. 143 - 153.

Rao, Narasimha, D., 2012, "Kerosene Subsidies in India: When Energy Policy Fails as Social Policy", *Energy for Sustainable Development*, Vol. 16, No. 1, pp. 35 - 43.

Reyna, Janet, L., Mikhail V. Chester, 2017, "Energy Efficiency to Reduce Residential Electricity and Natural Gas Use under Climate Change", *Nature Communications*, Vol. 8, No. 1, p. 14916.

Risch, Anna, Claire Salmon, 2017, "What Matters in Residential Energy Consumption: Evidence from France", *International Journal of Global Energy Issues*, Vol. 40, pp. 79 - 116.

Rosenbaum, Paul, R., 2014, "Sensitivity Analysis in Observational

Studies", *Wiley StatsRef*: *Statistics Reference Online*.

Rosenbaum, Paul, R., Donald B. Rubin, 1983, "The Central Role of the Propensity Score in Observational Studies for Causal Effects", *Biometrika*, Vol. 70, No. 1, pp. 41 –55.

Ruiz – Mercado, Ilse, Omar Masera, Hilda Zamora, Kirk R. Smith, 2011, "Adoption and Sustained Use of Improved Cookstoves", *Energy Policy*, Vol. 39, No. 12, pp. 7557 –7566.

Saboohi, Yadollah, 2001, "An Evaluation of the Impact of Reducing Energy Subsidies on Living Expenses of Households", *Energy Policy*, Vol. 29, No. 3, pp. 245 –252.

Saidur, Rahman, Haji Hassan Masjuki, M. Y. Jamaluddin, 2007, "An Application of Energy and Exergy Analysis in Residential Sector of Malaysia", *Energy Policy*, Vol. 35, No. 2, pp. 1050 –1063.

Sardianou, Eleni, 2008, "Estimating Space Heating Determinants: An Analysis of Greek Households", *Energy and Buildings*, Vol. 40, No. 6, pp. 1084 –1093.

Sardianou, Eleni, P. Genoudi, 2013, "Which Factors Affect the Willingness of Consumers to Adopt Renewable Energies?", *Renewable Energy*, Vol. 57, pp. 1 –4.

Scott, Angelique, J., Carl Scarrott, 2011, "Impacts of Residential Heating Intervention Measures on Air Quality and Progress Towards Targets in Christchurch and Timaru, New Zealand", *Atmospheric Environment*, Vol. 45, No. 17, pp. 2972 –2980.

Shen, Guofeng, Yuanchen Chen, Chunyu Xue, Nan Lin, Ye Huang, Huizhong Shen, Yilong Wang, Tongchao Li, Yanyan Zhang, Shu Su, 2015, "Pollutant Emissions from Improved Coal – and Wood – Fuelled Cookstoves in Rural Households", *Environmental Science and Technology*, Vol. 49, No. 11, pp. 6590 –6598.

Shen, Huizhong, Yilin Chen, Armistead G. Russell, Yongtao Hu,

Guofeng Shen, Haofei Yu, Lucas R. F. Henneman, Muye Ru, Ye Huang, Qirui Zhong, Yuanchen Chen, Yufei Li, Yufei Zou, Eddy Y. Zeng, Ruifang Fan, Shu Tao, 2018, "Impacts of Rural Worker Migration on Ambient Air Quality and Health in China: From the Perspective of Upgrading Residential Energy Consumption", *Environment International*, Vol. 113, pp. 290 – 299.

Shi, Guang, Xinye Zheng, Feng Song, 2012, "Estimating Elasticity for Residential Electricity Demand in China", *Scientific World Journal*, Vol. 2012, No. 7, p. 395629.

Shorrocks, Anthony, F., 2013, "Decomposition Procedures for Distributional Analysis: A Unified Framework Based on the Shapley Value", *The Journal of Economic Inequality*, Vol. 11, No. 1, pp. 99 – 126.

Smith, Thomas, B., 2004, "Electricity Theft: A Comparative Analysis", *Energy Policy*, Vol. 32, pp. 2067 – 2076.

Soile, Ismail, Xiaoyi Mu, 2015, "Who Benefit Most from Fuel Subsidies? Evidence from Nigeria", *Energy Policy*, Vol. 87, pp. 314 – 324.

Sovacool, Benjamin, K., 2011, "Conceptualizing Urban Household Energy Use: Climbing the 'Energy Services Ladder'", *Energy Policy*, Vol. 39, No. 3, pp. 1659 – 1668.

Staats, Henk, Paul Harland, Henk A. M. Wilke, 2004, "Effecting Durable Change: A Team Approach to Improve Environmental Behavior in the Household", *Environment and Behavior*, Vol. 36, No. 3, pp. 341 – 367.

Statistics Canada, 2014, *Statistics Canada's Report on Energy Supply – Demand in Canada* 2011 *Revision*, No. 57 – 003 – X,

Subbiah, Rajesh, Anamitra Pal, Eric K. Nordberg, Achla Marathe, Madhav V. Marathe, 2017, "Energy Demand Model for Residential Sector: A First Principles Approach", *IEEE Transactions on Sustainable Energy*, Vol. 8, No. 3, pp. 1215 – 1224.

Swan, Lukas, G., V. Ismet Ugursal, 2009, "Modeling of End – Use

Energy Consumption in the Residential Sector: A Review of Modeling Techniques", *Renewable and Sustainable Energy Reviews*, Vol. 13, No. 8, pp. 1819 – 1835.

Tao, S., M. Y. Ru, W. Du, X. Zhu, Q. R. Zhong, B. G. Li, G. F. Shen, X. L. Pan, W. J. Meng, Y. L. Chen, H. Z. Shen, N. Lin, S. Su, S. J. Zhuo, T. B. Huang, Y. Xu, X. Yun, J. F. Liu, X. L. Wang, W. X. Liu, H. F. Cheng, D. Q. Zhu, 2018, "Quantifying the Rural Residential Energy Transition in China from 1992 to 2012 through a Representative National Survey", *Nature Energy*, Vol. 3, No. 7, pp. 567 – 573.

Tian, Jie, Haiyan Ni, Yongming Han, Zhenxing Shen, Qiyuan Wang, Xin Long, Yong Zhang, Junji Cao, 2018, "Primary Pm2.5 and Trace Gas Emissions from Residential Coal Combustion: Assessing Semi – Coke Briquette for Emission Reduction in the Beijing – Tianjin – Hebei Region, China", *Atmospheric Environment*, Vol. 191, pp. 378 – 386.

Tonooka, Yutaka, Jiaping Liu, Yasuhiko Kondou, Yadong Ning, Oki Fukasawa, 2006, "A Survey on Energy Consumption in Rural Households in the Fringes of Xian City", *Energy and Buildings*, Vol. 38, No. 11, pp. 1335 – 1342.

Tso, Geoffrey, K. F., Kelvin K. W. Yau, 2003, "A Study of Domestic Energy Usage Patterns in Hong Kong", *Energy*, Vol. 28, pp. 1671 – 1682.

United Nations, 2016, *Progress Towards the Sustainable Development Goals*, report of the Secretary – General E/2016/75, June 3.

United Nations, 2021, "Sustainable Development Goal 7", https://sustainabledevelopment.un.org/sdg7.

van der Kroon, Bianca, Roy Brouwer, Pieter J. H. van Beukering, 2013, "The Energy Ladder: Theoretical Myth or Empirical Truth? Results from a Meta – Analysis", *Renewable and Sustainable Energy*

Reviews, Vol. 20, pp. 504 – 513.

Wan, Guanghua, Zhangyue Zhou, 2005, "Income Inequality in Rural China: Regression – Based Decomposition Using Household Data", *Review of development economics*, Vol. 9, No. 1, pp. 107 – 120.

Wang, Qiang, 2014, "Effects of Urbanisation on Energy Consumption in China", *Energy Policy*, Vol. 65, pp. 332 – 339.

Wang, Qiang, Shi – dai Wu, Yue – e Zeng, Bo – wei Wu, 2016, "Exploring the Relationship between Urbanization, Energy Consumption, and Co2 Emissions in Different Provinces of China", *Renewable and Sustainable Energy Reviews*, Vol. 54, pp. 1563 – 1579.

Wang, Shaojian, Xiaoping Liu, 2017, "China's City – Level Energy – Related Co2 Emissions: Spatiotemporal Patterns and Driving Forces", *Applied Energy*, Vol. 200, No. 15, pp. 204 – 214.

Wang, Shengwei, Chengchu Yan, Fu Xiao, 2012, "Quantitative Energy Performance Assessment Methods for Existing Buildings", *Energy and Buildings*, Vol. 55, pp. 873 – 888.

Wang, Xiaohua, Kunquan Li, Hua Li, Di Bai, Jingru Liui, 2017, "Research on China's Rural Household Energy Consumption – Household Investigation of Typical Counties in 8 Economic Zones", *Renewable and Sustainable Energy Reviews*, Vol. 68, pp. 28 – 32.

Warriner, G. Keith, Gordon H. G. McDougall, John D. Claxton, 1984, "Any Data or None at All? Living with Inaccuracies in Self – Reports of Residential Energy Consumption", *Environment and Behavior*, Vol. 16, pp. 503 – 526.

Wiedenhofer, Dominik, Dabo Guan, Zhu Liu, Jing Meng, Ning Zhang, Yi Ming Wei, 2016, "Unequal Household Carbon Footprints in China", *Nature Climate Change*, Vol. 7, No. 1, pp. 75 – 80.

World Bank, 2013, "*Mongolia: Heating Stove Market Trends in Poor, Peri – Urban Ger Areas of Ulaanbaatar and Selected Markets Outside*

Ulaanbaatar", Working paper 87052.

World Bank, 2015, "Reform and Innovation for Better Rural Health Services in China", http://www.worldbank.org/en/results/2015/04/02/reform-innovation-for-better-rural-health-services-in-china.

World Health Organization, 2014, *Indoor Air Quality Guidelines: Household Fuel Combustion*, WHO/FWC/IHE/14.01, November 24.

World Health Organization, 2018, "Household Air Pollution and Health", https://www.who.int/news-room/fact-sheets/detail/household-air-pollution-and-health.

Wu, Shimei, Xiao Han, Chuan-zhong Li, Andreas Löschel, Xi Lu, Rachael Marie Fleming, Limin Du, Xinye Zheng, Chu Wei, 2022, "A Machine Learning Estimation Reveals Massive Biomass Consumption Uncounted in China", Working paper.

Xie, Lunyu, Haosheng Yan, Shuhan Zhang, Chu Wei, 2020, "Does Urbanization Increase Residential Energy Use? Evidence from the Chinese Residential Energy Consumption Survey 2012", *China Economic Review*, Vol. 59, p. 101374.

Xie, Yu, Jennie E. Brand, Ben Jann, 2012, "Estimating Heterogeneous Treatment Effects with Observational Data", *Sociological methodology*, Vol. 42, No. 1, pp. 314–347.

Xie, Yu, Xiang Zhou, 2014, "Income Inequality in Today's China", *Proceedings of the National Academy of Sciences*, Vol. 111, No. 19, pp. 6928–6933.

Xu, Xinkuo, Liyan Han, Xiaofeng Lv, 2016, "Household Carbon Inequality in Urban China, Its Sources and Determinants", *Ecological Economics*, Vol. 128, pp. 77–86.

Xue, Yifeng, Zhen Zhou, Teng Nie, Kun Wang, Lei Nie, Tao Pan, Xiaoqing Wu, Hezhong Tian, Lianhong Zhong, Jing Li, 2016, "Trends of Multiple Air Pollutants Emissions from Residential Coal Combustion in Beijing and Its Implication on Improving Air Quality for Control Measures", *Atmospheric Environment*, Vol. 142, pp. 303 – 312.

Yan, Xiaoyuan, Toshimasa Ohara, Hajime Akimoto, 2006, "Bottom – up Estimate of Biomass Burning in Mainland China", *Atmospheric Environment*, Vol. 40, No. 27, pp. 5262 – 5273.

Yang, Dennis Tao, 1999, "Urban – Biased Policies and Rising Income Inequality in China", *The American Economic Review*, Vol. 89, No. 2, pp. 306 – 310.

Yao, Chunsheng, Chongying Chen, Li Ming, 2012, "Analysis of Rural Residential Energy Consumption and Corresponding Carbon Emissions in China", *Energy Policy*, Vol. 41, No. 4, pp. 445 – 450.

Yoo, Seung Hoon, Hea Jin Lim, Seung Jun Kwak, 2009, "Estimating the Residential Demand Function for Natural Gas in Seoul with Correction for Sample Selection Bias", *Applied Energy*, Vol. 86, No. 4, pp. 460 – 465.

Yu, Yihua, Xinye Zheng, Yi Han, 2014, "On the Demand for Natural Gas in Urban China", *Energy Policy*, Vol. 70, No. 7, pp. 57 – 63.

Yue, Ting, Ruyin Long, Hong Chen, 2013, "Factors Influencing Energy – Saving Behavior of Urban Households in Jiangsu Province", *Energy Policy*, Vol. 62, pp. 665 – 675.

Zhang, Caiqing, Junjie Yang, 2019, "Economic Benefits Assessments of 'Coal – to – Electricity' Project in Rural Residents Heating Based on Life Cycle Cost", *Journal of Cleaner Production*, Vol. 213, pp. 217 – 224.

Zhang, J., K. R. Smith, Y. Ma, S. Ye, F. Jiang, W. Qi, P. Liu, M. A. K. Khalil, R. A. Rasmussen, S. A. Thorneloe, 2000, "Greenhouse Gases and Other Airborne Pollutants from Household Stoves in China: A Database for Emission Factors", *Atmospheric Environment*, Vol. 34, No. 26, pp. 4537 – 4549.

Zhang, Jingchao, Koji Kotani, 2012, "The Determinants of Household Energy Demand in Rural Beijing: Can Environmentally Friendly Technologies Be Effective?", *Energy Economics*, Vol. 34, No. 2, pp. 381 – 388.

Zhang, Lixiao, Zhifeng Yang, Bin Chen, Guoqian Chen, 2009, "Rural Energy in China: Pattern and Policy", *Renewable Energy*, Vol. 34, No. 12, pp. 2813 – 2823.

Zhang, Weishi, Zifeng Lu, Yuan Xu, Can Wang, Yefu Gu, Hui Xu, David G. Streets, 2018, "Black Carbon Emissions from Biomass and Coal in Rural China", *Atmospheric Environment*, Vol. 176, pp. 158 – 170.

Zhang, Xiang, Yana Jin, Hancheng Dai, Yang Xie, Shiqiu Zhang, 2019, "Health and Economic Benefits of Cleaner Residential Heating in the Beijing – Tianjin – HebeiRegion in China", *Energy Policy*, Vol. 127, pp. 165 – 178.

Zhang, Xiaobing, Sied Hassen, 2017, "Household Fuel Choice in Urban China: Evidence from Panel Data", *Environment and Development Economics*, Vol. 22, No. 04, pp. 392 – 413.

Zhang, Xiaohong, Liqian Wu, Rong Zhang, Shihuai Deng, Yanzong Zhang, Jun Wu, Yuanwei Li, Lili Lin, Li Li, Yinjun Wang, 2013, "Evaluating the Relationships among Economic Growth, Energy Consumption, Air Emissions and Air Environmental Protection Investment in China", *Renewable and Sustainable Energy Reviews*, Vol. 18, No. 2, pp. 259 – 270.

Zhao, Nan, Yixiang Zhang, Bowen Li, Jiong Hao, Deying Chen, Yuguang Zhou, Renjie Dong, 2019, "Natural Gas and Electricity: Two Perspective Technologies of Substituting Coal – Burning Stoves for Rural Heating and Cooking in Hebei Province of China", *Energy Science and Engineering*, Vol. 7, No. 1, pp. 120 – 131.

Zhao, Xiaoli, Na Li, Chunbo Ma, 2012, "Residential Energy Consumption in Urban China: A Decomposition Analysis", *Energy Policy*, Vol. 41, No. 1, pp. 644 – 653.

Zheng, Xinye, Chu Wei, Ping Qin, Jin Guo, Yihua Yu, Feng Song, Zhanming Chen, 2014, "Characteristics of Residential Energy Consumption in China: Findings from a Household Survey", *Energy Policy*, Vol. 75, pp. 126 – 135.

Zhi, Guorui, Yayun Zhang, Jianzhong Sun, Miaomiao Cheng, Hongyan Dang, Shijie Liu, Junchao Yang, Yuzhe Zhang, Zhigang Xue, Shuyuan Li, Fan Meng, 2017, "Village Energy Survey Reveals Missing Rural Raw Coal in Northern China: Significance in Science and Policy", *Environmental Pollution*, Vol. 223, pp. 705 – 712.

Zhou, Kaile, Chao Fu, Shanlin Yang, 2016, "Big Data Driven Smart Energy Management: From Big Data to Big Insights", *Renewable and Sustainable Energy Reviews*, Vol. 56, pp. 215 – 225.

Zhou, Shaojie, Fei Teng, 2013, "Estimation of Urban Residential Electricity Demand in China Using Household Survey Data", *Energy Policy*, Vol. 61, No. 8, pp. 394 – 402.

Zhou, Ying, Xiaofan Xing, Jianlei Lang, Dongsheng Chen, Shuiyuan Cheng, Wei Lin, Wei Xiao, Chao Liu, 2017, "A Comprehensive Biomass Burning Emission Inventory with High Spatial and Temporal Resolution in China", *Atmospheric Chemistry and Physics*, Vol. 17, No. 4, p. 2839.

Zhuang, Zhi, Yuguo Li, Bin Chen, Jiye Guo, 2009, "Chinese Kang as a Domestic Heating System in Rural Northern China—a Review", *Energy and Buildings*, Vol. 41, No. 1, pp. 111 – 119.

Zou, Baoling, Biliang Luo, 2019, "Rural Household Energy Consumption Characteristics and Determinants in China", *Energy*, Vol. 182, pp. 814 – 823.

索　引

A

ARIMA 模型　42

Atkinson 指数　26

B

半径匹配方法　108

标准煤　2,5,50,64

表计法　23,24

泊松模型　12,85,86

C

采暖度日数　81—84,89,93

初始能源　27,28,79—82,87—89,
　92,94,97,119,120,142,149

D

定序 Probit 模型　32,80,87—89

断点回归　39,102

多值选择模型　31

E

二值选择模型　31

F

反事实推断　103

方差比检验　60

分层抽样　100

服务流　19,123,129,143,147

G

概率抽样　61

概率模型　31,75,79

固定效应　12,19,30,85—90,93,95

固体燃料　5,33,42,52,66,68,76,
　79,98—100,129,147

规模效应　126

国内生产总值　3

J

基尼系数　13,18,24—27,46,124—

136,138—143,153

集中指数 13,130

计量分析 12,18

计数模型 85

家庭能源消费 1,2,4,5,10—13,15—19,21—24,27,30—32,35—37,40,45,46,48—51,53—55,61,62,64—69,71—73,75,76,100,107,108,119,121,123,124,126,143,145—147,150,151,153,184,188

家庭能源消费结构 5,32,154

间接能源消费 21

交叠效应 126,139,141,144

金砖国家 3

经济贫困 5

局部加权回归 79

K

Kakwani 系数 26

Kaya 分解法 26

L

LMDI 方法 26

洛伦兹不对称系数 13,18,124,125,128,129,131,133,135,138,140,143

洛伦兹曲线 13,18,24—27,124,125,128—130,132,135,138,140,143

M

Meta 分析 31,32,37

"煤改电"政策 9,76,92—96,104—119,146

"煤改气"政策 9,10,44,76,78,79,101

敏感性分析 111,119

N

内生性 19,29,32,34,102,111,150,188

能耗强度 127,144

能流图 64,101

能源标识 40,149

能源补贴 26,37,40—42,148

能源不平等 11,16,26,27,120,121,123,124,128—130,134,135,138—144,146

能源堆叠 10,11,17—19,27—29,33,75,77—79,96,97,120,146

能源核算 11,53,54,145

能源阶梯 10,11,17—19,27—29,31—33,66,75,77—79,81,87,92—94,96,97,104,120,142,146,188

能源可接入性 148

能源可支付性 10,80,81,148

能源贫困 5,24,25,153,188

能源品种 8,22,28,29,31,33,49,50,54,57,66,67,69—73,75,81,

82,85,107,110,113,116,123,125,
129—134,143,147,148
能源清洁性 13,18,37,80,81,98
能源替代 9—11,13,16,18,28,29,
40—44,78,97—99,120,146,149
能源消费 1—6,8—12,16—19,21—
27,30—33,35,36,39—41,44,46,
48—57,61,64,66—69,71—73,75,
77,78,81,101,102,104,107,108,
110,114,116,121,123—127,129,
132,135,140—143,145—148,
152—154,188
能源消费结构 2,4,10,30—32,
119,150
能源需求弹性 18
能源用途 10,11,18,19,23,29,51,
54,55,57,69,71—73,96,121,125,
133,134,143,146,147
能源终端用途 22,64,68,123,133
能源转型 5,9—12,16,18,19,30—
32,35,43,45,69,72,73,76,77,81,
82,85,87,94,96—99,120—124,
127,141—149,188

P

匹配平滑方法 103
平均处理效应 103,108,110,111

Q

倾向得分匹配 18

R

热效率 66,95,115,116

S

Shapley 分解方法 26
Spearman 相关系数 60
STIRPAT 模型 36,126,134
散煤治理政策 9,11,13,18,43—47,
75,76,92,93,97—102,104,107,
108,110,111,114,118,146,149
桑基图 101
商品能源 5,7,27,29,32,53,57,66,
79,92,93,98,129,130,184
神经网络 22—24,52
生活燃料支出 6
生物质能 5,6,27,29,33,43,46,
49—51,68,69,71—73,76,79,81,
82,92,97,98,127,129—131,133,
134,142,143,146—149
时间序列分析 19
双重差分方法 102,151
随机对照试验 102

T

Theil 指数 25,26
碳达峰 5,12,188
碳中和 5,12,69,146,188
田野实验 37
条件需求分析 23

W

微观调查数据 12,17,19,25,34,36,40,44,46,98,145

无关选择独立性 80

Y

异质性分析 18,90,113,119

引致需求 127

影响因素 11,12,16—19,21,27,30—32,75,126,134,140,144,146,150,153,154

优质能源 10,27—29,66,77,79—82,87—90,92,94,97,119,120,142,147—149

有效能 98,114—116,119

Z

账单法 23,24,53,57,58,60,72,73

政策干预效果 18,19,21,103,107

政策有效性 9,12,100

直接能源消费 12,21,48,54

指标测度 18,21

指数分解 19

智能电表 39,53

终端能源消费量 2

转型能源 27,79—82,87—89,92,94,142

自上而下 21—24

自下而上 11,17,19,21—24,48,51,53,54,57,72,97,145,150

组间效应 139,141

组内效应 139—141

最小二乘法 80

后 记

2010年9月，我初次踏入中国人民大学校门，东门门口那块镌刻着"足球是宝（实事求是）"的大石头赫然映入眼帘。自此，我秉持着"实事求是"的行为准则开始了我的经济学学习生涯，并一直延续至今（巧合的是，我工作单位湖南大学的校训也是"实事求是"）。刚入校时，我对经济学的了解还仅仅是高中政治课本上提到的价值规律——有价值的东西一定有使用价值。转眼间十多年过去了，不禁自我审问通过经济学的学习，是否实现了自身使用价值的提升，答案只能说是既肯定又否定的。肯定的是，通过对国际经济与贸易（本科）、西方经济学（硕士）和产业经济学（博士）等相关专业知识的学习，我对经济学的基本理论知识和工具方法有了初步的了解，学会了如何利用边际分析方法考虑问题，知晓了如何透过现象洞悉事物的本质，懂得了如何用经济学思维来理解世界的运行轨迹。但不可否认的是，我在经济学的求学之路上时常感到懵懂而迷茫，现实问题纷繁复杂，国内外经济形势更趋严峻，我对世界经济现象的理解也只是九牛一毛，同时经济学以往的一些定理、假设和推论不断地被推翻或者被修正，还有更多的知识内容需要我去学习和更新。

学海无涯，尽管我对经济学知识的学习还一直在路上，但本书也算是给自己在人民大学系统性学了十年经济学所提交的一份期末答卷，当然对这份试卷的作答并不会因为从人民大学毕业而就此中断，"出世便是破蒙，进棺材才算毕业"，今后我将在成为"经师"

和"人师"的赶考路上继续步履不停地书写这份答卷。

最开始接触家庭能源消费这个话题，是我在硕士期间机缘巧合地参与了中国人民大学能源经济学系组织的家庭能源消费调查的课题。当时我主要是负责数据核算工作，完成这一工作后我的内心充满着对自身潜力的惊喜，因为对自己能完成如此烦琐的数据代码写作感到不可思议。之后，在报告的写作过程中和老师们的带领下，我发现这个主题下面竟然还有那么多值得研究和等待挖掘的问题。从此，我开始了对这一领域的深耕细作，本书算是我对过去六年工作的一个总结。

郑新业老师常说"我们是做最好的研究，不是做最完美的研究"。因此，对于本书，尽管在数据资料的更新和研究方法的提升等方面仍存在一些遗憾，但本书也可算作"顶天立地"的研究了。发达国家很早就开始了关于家庭能源消费的相关研究，例如，能源贫困、能源阶梯等，并通过官方统计体系对家庭的能源消费信息进行采集。而中国国家统计局城调队在实施"中国城镇住户调查"中虽然涉及了电力、燃气、煤炭和交通燃料，但并没有涉及其他能源品，也缺乏对农村居民的能源消费的专项统计。这导致学界对中国农村家庭能源消费转型问题的研究缺乏系统性，难以突破对深层次问题进行分析的研究瓶颈，而本书在一定程度上实现了对农村家庭能源消费转型问题的系统性和全方位研究。另外，随着中国脱贫攻坚战取得全面胜利、污染防治攻坚战的不断深入以及"碳达峰"和"碳中和"目标的提出，三农问题在中国高质量发展中的重要性注定了我们需要对农村的能源转型问题进行重点研究。因而，本书希冀基于系统性的理论研究和实证分析给中国农村家庭能源消费转型提供一定的参考，真正做出扎根中国大地的好研究。

我非常幸运地能顺利完成本书的写作，当然这离不开导师和同行们的帮助，与他们的交流和讨论给了我很多启发和思考，这使得本书的结构和内容都更为合理。像郑新业老师日常的灵魂之问"这里面的重大事实、重要关系和关键参数你都搞清楚了吗"，魏楚老师直击人心的吐槽"这个图太难看了",汪寿阳老师对本书后续研究的建议,王敏老师对改进内生性问题的建议,还有米志付老师、虞义华老师、宋枫老师、陈占明老师和郭琎副研究员等人真挚而诚恳的建议都帮助本书内容日益优化。

  当然,本书不可避免地还会存在诸多不足和有待改进之处,希望读者们能够通过邮箱(wushimei@hnu.edu.cn)随时与我交流,帮助我自我精进,以更好地完成本书的后续相关研究内容。

吴施美

2022 年 5 月 30 日